Albert von Schirnding

Galerie der guten Geister

Albert von Schirnding

Galerie der guten Geister

Von Sappho bis Beckett

C.H.Beck

www.chbeck.de
Satz aus der Seria Pro bei Fotosatz Amann, Memmingen
Druck und Bindung: CPI – Ebner & Spiegel, Ulm
Umschlaggestaltung: Kunst oder Reklame, München
Umschlagabbildungen (von links nach rechts und oben nach unten):
Sappho, Shakespeare, Beckett, Droste-Hülshoff, Freud, Mozart,
Schopenhauer, Goethe, Klaus Mann, Sokrates;

Gedruckt auf säurefreiem, alterungsbeständigem Papier
(hergestellt aus chlorfrei gebleichtem Zellstoff)
Printed in Germany
ISBN 978 3 406 75013 7

myclimate

klimaneutral produziert
www.chbeck.de/nachhaltig

Inhalt

Vorwort

Kein Leben ohne gute Geister. Ich wollte sie zu fortgeschrittener Zeit noch einmal um mich versammeln. Nicht alle haben sich rufen lassen, aber es sind mehr geworden, als ich zunächst dachte. Natürlich sind sie beim Schreiben nicht in der Reihenfolge erschienen, die sie im Buch einnehmen (nach ihren Geburtsdaten), sondern wie Stimmung und Zufall es wollten. Ebenso wenig, wie der Abstand zwischen ihrer und meiner Lebenszeit etwas über ihre Nähe sagt (manchmal stehen mir die entferntesten Figuren am nächsten), korrespondiert der Umfang des einzelnen «Porträts» mit dem Maß der Bedeutung, die der Porträtierte für mich hat. Indem ich sie nun überblicke, fallen mir vor allem Defizite ins Auge: Fast alle sind Schreibende. Kein einziger Maler! Ich hätte Caravaggio, Runge, Rottmann, Macke als «Lieblinge» nennen, aber nur ganz dilettantisch über sie schreiben können. Auch der Anteil, den die Musik an meinem Geisterreich hat, spiegelt sich in der «Galerie» höchst fragmentarisch. Vor Schubert kapituliert meine Sprache.

Der Geist weht bekanntlich, wo er will. Aber die Geister sind ortsgebunden. Wäre ich anderswo aufgewachsen als in Regensburg, hätte ich nicht die längste Zeit meines Lebens in München und in seiner nahen Umgebung verbracht, sähe die hier präsentierte Gesellschaft teilweise anders aus. Und auch mit der Zeitlosigkeit der geistigen Prägungen ist es nicht weit her. Es ist nicht gleichgültig, *wann* einer zum ersten Mal den «Sturm» sieht, die «Verwandlung» liest, den «Tristan» erlebt, vor der «Pietà» im Petersdom steht. Und je älter ich wurde, umso seltener stellten sich jene Stimmen ein, die in frühen

Jahren mit betörender Polyphonie auf mich einsprachen. Deswegen die häufigen Hinweise auf das jugendliche Alter des Be-Geister-ten. Der durch den Zuspruch der meisten auf diesen Blättern skizzierten Lebensgeleiter erst nach und nach zu sich selber kam.

Gilgamesch

Ein mittlerweile verstorbener Freund schenkte mir das Reclam-Heft mit der Übersetzung des Gilgamesch-Epos von Albert Schott. Eine lateinische Widmung sprach von der Hoffnung, die Lektüre werde den Empfänger so sehr bewegen, *ut lacrimas effundat quam plurimas*, dass er in Tränen zerfließe. Aber die hatte ich längst vergossen. Seinerzeit war es wohl nur eine Nacherzählung in der Insel-Bücherei gewesen. Ich hatte sie fünfzehnjährig in dem unserem Regensburger Haus gegenüberliegenden, von Effner gestalteten Dörnbergpark gelesen. Dessen westlicher Teil ist nun, wie ich sechseinhalb Jahrzehnte später (2017) bei einem flüchtigen Besuch in der entfremdeten Stadt feststellen musste, abgesperrt, weil die Knochen aus einem in Urzeiten hier angelegten Friedhof – die Archäologen sprechen von fünfzigtausend Toten – über ausgestorbene Krankheiten Auskunft geben sollen. Insel-Pappband und Reclam-Heft sind durch die gnadenlosen Fortschritte der Forschung Makulatur geworden. Aber die Stimme des Gedichts, das vor fünftausend Jahren mit dem Beginn der Hochkultur in Südmesopotamien entsprang, habe ich nicht aus dem Ohr verloren. Am Anfang war nicht schlechthin das Wort, am Anfang war die Klage, und nicht die Klage des seiner Familie und seines Hab und Guts beraubten Hiob, sondern die Klage eines Königs um den toten Freund.

Archilochos

Er ist der erste griechische Lyriker, im frühen siebten Jahrhundert geboren, den Atem Homers und Hesiods im Rücken – der erste Lyriker überhaupt, der erste Dichter, der Ich sagt. Wie aus dem Nichts taucht dieses *eimi d'egó*, «ich bin», am Anfang eines Zweizeilers auf, der ihn im ersten Vers als Diener seines Herrn, des Kriegsgottes, im zweiten als Dichter vorstellt. Die Form des elegischen Distichons – Hexameter und Pentameter – bindet den sachlichen Gegensatz, der nicht größer sein könnte: zwischen der Handhabung tödlicher Waffen im Kampf, wie jeder ihn aus der «Ilias» kennt, und der ebenso ihrer selbst sicheren Könnerschaft im Hervorbringen von Gedichten, für die Archilochos hier ein Beispiel gibt. Sie versteht sich im wörtlichen Sinn als Begabung, als Geschenk der Musen. Und dieses Geschenk ist *eratón*, hat also mit Eros zu tun; «lieblich» ist ein sehr schwaches deutsches Wort dafür. Gar nicht lieblich ist das Kriegshandwerk, bei dem man nichts geschenkt bekommt, eine selbsterlernte Kunst, der es um Vernichtung des Gegners und das eigene Überleben geht. Heraklit wird anderthalb Jahrhunderte später die Harmonie von Bogen und Leier behaupten. Der Bogen, das Werkzeug des Todes, und die Leier, die mit ihren Liedern für das Fortleben der gefallenen Helden sorgt, sind Instrumente desselben Gottes: Apollons. Ohne Leben kein Tod, ohne Tod kein Leben. Archilochos aber ist kein homerischer Held mehr und noch kein Denker wie Heraklit. Er hat, wie ein Vierzeiler bezeugt, seinen Schild in feindlichem Terrain zurückgelassen; es war der Preis, um den er sich in Sicherheit gebracht hat. Also kein sinnloses Opfer des unersetzbaren eigenen Lebens.

Er pfeift auf eine postume Existenz im Lied. Ewig schade wäre es nur um das einmalige lebendige Ich. Archilochos wird sich einen neuen, ebenso guten Schild anschaffen. Es gibt keine Harmonie von Leben und Tod. Was den Gegensatz von Kriegs- und Dichtkunst zusammenspannt, ist allein die Kraft dieses Egó, das Archilochos heißt und das nicht als Objekt eines Sängers, sondern als Subjekt seiner Gedichte überlebt.

Sappho

Sie bittet Aphrodite, ihr *symmachos* zu sein, das heißt: ihr im Kampf zur Seite zu stehen. *Symmachoi* waren griechische Truppenkontingente; sie leisteten König Menelaos, der durch den Raub seiner Frau Helena gedemütigt war, unter Führung seines Bruders Agamemnon Beistand im Kampf gegen Troja. Auch ich, lässt Sappho uns wissen, bin im Krieg. Mein Troja heißt *thiasos*, der Mädchenkreis, den ich leite. Achill jagt Hektor, ich verfolge ein geliebtes Mädchen, das sich mir verweigert und dessen Abkehr es zu besiegen gilt. In der «Ilias» mischen sich Götter unter die Kämpfenden – an meiner Seite kämpft Aphrodite. Auch hier geht es um Leben oder Tod, wie bei Homer, dem ich, die Frau, mich ebenbürtig weiß.

Sokrates

Nirgends kommt mir Sokrates näher als am Ende seiner Verteidigungsrede, die von Anfang an darauf angelegt ist, die Richter zum Todesurteil zu bewegen. Seine These, Totsein sei kein Übel, begründet er am Schluss nicht nur mit der Aussicht, im Jenseits dem Orpheus und Homer zu begegnen, mit Agamemnon, Odysseus, Sisyphos und wem alles noch Gespräche zu führen. Neben dieser im Mythos überlieferten Verheißung schließt er auch die Möglichkeit nicht aus, dass Totsein mit Nichtsein ohne jede sinnliche Wahrnehmung identisch sei, was ebenfalls ein wunderbarer Gewinn wäre, weil ja schon während des Lebens ein tiefer traumloser Schlaf das Allerbeste sei. Das absolute Nichts als Hoffnung, Nihilismus als Vorgefühl der Glückseligkeit.

Platon

Der Hades ist *hier*; wir sind tot, leben als Schatten unter Schatten. Es gibt nur einen Weg, die Fessel der ins Totenreich Gebannten abzustreifen und lebendig zu werden, und der ist steil und steinig: der Aus- und Aufweg des Denkens.

Ich bin Schüler von Platons Akademie, nicht des aristotelischen Peripatos. Existiert eine schönere philosophische Theorie (*theoria* heißt Schau) als die Ideenlehre? Ein Produkt der einzig legitimen analogischen, von Heraklit inspirierten Denkmethode. Die Sonne, die mittels Licht und Wärme allem Seienden zum sichtbaren Dasein verhilft, verhält sich im Reich der Sinne zu den Dingen wie die Idee des Guten zu allen anderen Ideen im Reich des Denkens.

Natürlich «gibt es» keine Ideen. Sie sind ein Gedankenkonstrukt wie jede philosophische und jede religiöse Lehre. Auch Aristoteles' unbewegter Beweger existiert nur als Gedanke. Aber was heißt hier «nur»?

Die langweilige Scholastik, die alles rubrizieren, in Schubladen unterbringen zu können glaubte, musste auf Aristoteles zurückgreifen. Der Befreier hieß Platon; nicht das Lyzeum, die Akademie wurde in Florenz wiedergeboren. Und das «Symposion» war der erwachenden Geister liebstes Kind. Weil nicht nur Eros und Erkenntnis, sondern auch Dichtung und Philosophie hier eine unauflösliche Verbindung eingehen.

Epikur

Von keinem antiken Ort geht eine stärkere Anziehungskraft auf mich aus als vom Garten des Epikur. Ich sitze mit erprobten Freunden bei maßvollem Weingenuss im Schatten der Mauer, über die Salamander huschen; kein Laut von draußen dringt herein. Gespräche über die Götter und die Welt, deren Zugriff wir uns entzogen haben. Auch der Tod ist ausgeschlossen, weil er uns nur trifft, wenn wir nicht mehr am Leben, nicht mehr anzutreffen sind. Im Haus die Frau, die für unsre Bewirtung sorgt. Nirgends ein geliebtes Mädchen, ein geliebter Knabe, denen Entbehrungsschmerz gilt.

Menander

Menander (342–292 v. Chr.) ist mein griechischer Lieblingsdichter. Den erst vor ein paar Jahrzehnten entdeckten «Dyskolos» habe ich immer wieder im Griechischunterricht gelesen, eine ideale Lektüre für Siebzehnjährige (falls es die noch gibt), und zweimal habe ich ihn mit Schülern recht und schlecht aufgeführt. Von nahezu hundert Komödien, deren Titel bekannt sind, existieren zur Zeit (es werden laufend neue Fragmente gefunden) nur fünf Stücke, die mit großen Textlücken überliefert, aber immerhin als ein Ganzes erkennbar sind; der Rest: Trümmer und Splitter. Die «Menandri reliquiae selectae» sind ein Ruinenfeld wie die griechische Literatur insgesamt.

Menanders jambische Trimeter, der klassische Dialogvers des griechischen Dramas, sind ebenso elegant wie schlicht. Selbst ich, der ich trotz meines altphilologischen Studiums lateinische und griechische Texte mir immer erst übersetzen muss, kann hier partienweise einfach lesen. (Bei dieser Gelegenheit: Ein Rätsel bleibt, wie die athenischen Bürger, die ja alle an den Tragödienaufführungen im Dionysos-Theater teilnahmen, die in schwindelnde Höhen elaborierte Sprache der Chorlieder zwischen den Sprechakten auch nur annähernd verstehen konnten.)

Der Glaube an die Götter war dahin; Richard Dawkins hätte Eulen in das Athen Menanders, des Zeitgenossen Epikurs, getragen. Das Universum, einschließlich des menschlichen Geistes, bestand aus durch den leeren Raum wirbelnden, sich zufällig zusammenballenden Atomen; keine höhere Instanz sorgte für Gerechtigkeit. Menanders Glaube: Der

Mensch sei trotzdem zu moralischem Verhalten imstande, zur Gesittung aus Einsicht. Sein Vers «Was für ein erfreuliches Wesen ist der Mensch, wenn er ein *Mensch* ist!» formuliert den Grund-Satz jeder Form von Humanität, die ja noch nicht bei sich selbst ist, solange Hoffnung auf Glückseligkeit und Furcht vor Verdammung das Handeln lenken. Menschsein ist nichts Gegebenes, sondern eine Möglichkeit. Die ganze Dynamik des griechischen *paideia*-Denkens steckt in dem Vers: Du bist noch kein Mensch, du musst erst einer werden. Ohne alles Pathos ist das gesagt. Nichts verfehlt die antike Weisheit mehr als Begeisterungstremolo und missionarischer Eifer.

Die freudige Aufregung, die der «Dyskolos» bei seinem Auftauchen aus anderthalbtausendjähriger Vergessenheit hervorrief, habe ich gegen Ende meines Studiums 1957 in München miterlebt. Wir hockten vor unseren jeweiligen für die Zulassungsarbeit zum Staatsexamen nötigen Handapparaten (manche hatten auch eine Thermosflasche nebst eingewickeltem Butterbrot vor sich aufgebaut, denn auch Homer, Sophokles, Thukydides bewahren nicht vor Spießertum). Da überbrachte uns Max Treu, der sehr bejahrte Assistent am altphilologischen Seminar, leuchtenden Auges die Kunde der sensationellen Entdeckung. Ich wusste so gut wie nichts von Menander; der Funke des Hochgefühls sprang dennoch auf mich über.

Es war ein seltener Augenblick der Verkündigung einer Frohbotschaft, die einen Menschen unversehens zum Strahlen bringt, als würde in seinem Innern eine Lichtquelle entsiegelt, und ihn kurzfristig zum Erzengel macht, auch wenn kein Gottessohn geboren wird. Max Treu war das Gegenteil eines sonnigen Menschen. Ein knarrendes Holzbein bewirkte, dass sein Nahen längst gehört wurde, ehe man ihn sah, was gelegentlich zur Flucht verführte. Seine Ernsthaftigkeit beschwerte jedes seiner Worte mit einem bleiernen Gewicht. Aber dieser so staubtrocken und unmusisch auftretende Mann, dem die über Aischylos und Pindar lesenden Ordinarien den langweiligsten aller griechischen Autoren, den durch und durch mediokren Xenophon, überließen, hatte für die zweisprachige Tusculum-Reihe des Heimeran-Verlages die Lyriker Sappho und Alkaios übersetzt, und 1960 erschien ebenda seine Ausgabe des «Dyskolos». Freilich teilte Max Treu das Los aller Übersetzer von bedeutenden, nicht mehr urheberrechtlich geschützten Texten, einer von vielen zu sein. Der «Dyskolos» brachte es als «Menschenfeind» schon sehr bald auf sieben publizierte deutsche Versionen.

Vergil

Es traf sich, dass meine Wiederlektüre Vergils, die durch den im Jahr 1981 bevorstehenden zweitausendsten Todestag veranlasst wurde, mit einem Aufenthalt in Rom zusammenfiel. Ich war also mit meinem Vergil unterwegs wie andere mit ihren Polyglott-Führern oder Falk-Plänen. Auf dem Palatin las ich im achten Buch der «Aeneis» von der Stadtburg Pallanteum, die der arkadische König Euander hier als griechische Kolonie erbaut hatte. Euander zeigt dem eben an der Tibermündung angekommenen Aeneas – beide verbindet das Schicksal des Exils – die bescheidenen Einrichtungen Ur-Roms; selbst der König wohnt in einer Hütte. «Hab auch du, Gastfreund, den Mut, den Reichtum zu verschmähen, mache dich würdig des Gottes, der über diese Schwelle trat, verachte nicht unsere Armut.» So sprach der Dichter zu seinen von Macht und Pracht verwöhnten Zeitgenossen, so lasen es die römischen Kinder Generationen hindurch in der Schule. Fénelon, Rousseaus pädagogischer Vorläufer, weinte über diese Verse. Der Gott, der die Hütte heiligte, war Herkules; er befreite Rom von dem Unhold Cacus, der in einer Höhle auf dem Aventin hauste, und vollbrachte damit die für die römische Geschichte entscheidende Kulturtat. An der heutigen Piazza Bocca della Verità stand zu Vergils Zeiten noch sein Altar, die *ara maxima*.

Vergil als Führer: So haben Antike und europäisches Mittelalter ihn gesehen. Er weist den Weg durch Rom, durch dessen Geschichte und dessen Mythos, und weil Rom die Welt ist, kennt Vergils Wegkunde keine Grenze. Mit Aeneas steigt er in die Unterwelt zum toten Vater und schaut mit den Augen des Anchises den Ablauf der kommenden Jahrhunderte bis zu ihrem Ziel: der Wiederkehr des guten Anfangs in der neuen Weltordnung des Augustus. Die *urbs* ist zum Mittelpunkt und Modell des *orbis*, des Erdkreises, geworden. Wer solche Räume und Zeiten überblickt, ist ein *poeta doctus*, ein Prophet, ein Weiser. Dante spricht ihn gleich zu Beginn der «Divina Commedia» als Ruhm und Licht aller Dichter an, als seinen Herrn und Meister: «Tu se' lo mio maestro e il mio autore.»

Il mio autore ist er freilich nicht wegen seiner Glorifizierung Roms. Das spezifisch Vergilische fand ich in seiner alles bisher poetisch Dagewesene überbietenden Einfühlungsgabe. In Karthago sieht Aeneas, der vom Seesturm an diesen ihm völlig unbekannten Ort verschlagen wurde, den auf den Wandbildern eines Tempels dargestellten Untergang Trojas, dem er doch gerade erst entronnen ist, und er weiß: Er ist an eine Küste gekommen, wo Menschen wohnen, nämlich Wesen, die fähig sind, fremdes Leid zu verstehen und ihm durch künstlerische Gestaltung zu antworten. In diesem Zusammenhang fallen die berühmten drei Worte, die unübersetzbarsten des ganzen Gedichts: *Sunt lacrimae rerum.* Sie meinen nicht nur, dass es an Ort und Stelle Dinge gibt, die beweint werden, sondern dass zu den Dingen, die die Welt des Menschen ausmachen, unabdingbar Tränen gehören.

Boethius

Der zum Tod verurteilte Kanzler des ostgotischen Königs Theoderich sitzt anno 524 im Kerker zu Pavia, als ihm eine hohe Frauengestalt erscheint: die Philosophie in eigener Person. Der vierundvierzigjährige Boethius ist kein Märtyrer; seine Verurteilung hat rein politische Gründe. Aber er ist Christ, und so umarmt ihn die mittelalterliche Sehnsucht nach der Vereinigung von antiker Weisheit und christlichem Glauben. Er wird zur Brückenfigur über der Kluft, die das alte und neue Zeitalter trennt, zum Leitstern der Zeitenwende.

Gegen den Angstschweiß in Erwartung des nahen gewaltsamen Endes wird eine letzte Kraftreserve aufgeboten: das Denken. Was ist stärker, das Denkenkönnen oder das Sterbenmüssen? Geht alle Erkenntnis im Tode unter, oder überwindet das Denken den Tod? Der Dialog zwischen Boethius und der Philosophie, der in den fünf Büchern der «Consolatio», zusammen etwa hundertfünfzig Seiten, wiedergegeben wird, stellt nach außen dar, was sich im Innern eines Menschen abspielt, dem mit einem Mal jeder Halt im Dasein entzogen ist und der sich, von allen verlassen, auf sich selbst zurückgeworfen sieht: das stumme Zwiegespräch der Seele mit sich selbst. Dabei tauchen Erinnerungen auf, Bruchstücke einer weitreichenden philosophischen Belesenheit, Bewusstseinsfragmente einer tausendjährigen Denktradition.

Die als Ärztin in letzter Not auftretende Philosophie gewinnt das todernste Spiel. Am Anfang stehen Verzweiflung, Panik, geistige Lähmung. Boethius leide, lautet die Diagnose, an «Lethargie». Das Wort geht zurück auf den Namen des griechischen Unterweltflusses Lethe, aus dem die Verstorbenen trinken, um die Erinnerung an ihre irdische Vergangenheit zu verlieren. Lethargie meint also Selbstvergessenheit. Boethius hat in seiner dumpfen Ich-Versunkenheit das, was er eigentlich ist, vergessen. Doch indem die Philosophie nach und nach die Nebel seiner *tristitia* zerstreut, die Fesseln seines Autismus lockert, bringt sie ihn zu sich selbst. Er kommt in dem Maß zu sich, in dem er im Gespräch mit der Philosophie aus sich herausgeht. Selbstbezogenheit ist die Zwei-Einigkeit des reflektierenden Menschen, der mit sich selbst zu Rate geht. Das Ergebnis des inneren Dialogs ist kein bloßes Denkresultat, vielmehr ein gründlich verwandelter Mensch.

Dargestellt wird die Heilung als Aufstieg und als Umkehr der Blickrichtung. Zunächst sieht man den Armen auf sein Lager geworfen, ein Bild trostloser Niedergeschlagenheit. Im Gang des Gesprächs erhebt er sich mehr und mehr über seine «Lage», bis er die vielen Stufen, die von der Praxis zur reinen Betrachtung führen, emporgestiegen ist und nun völlig «über» der Situation steht. Diese Freiheit gewinnt er durch eine Veränderung seiner Sehgewohnheiten. Der Kopf muss im Nacken umgedreht werden, das Auge in die entgegengesetzte Richtung schauen. Das ist der entscheidende Augen-Blick im philosophischen Heilungsprozess: seine Krisis.

Lest selber nach, mit welchen Gedanken die Philosophie den Kerker des Boethius geöffnet hat. Sie werden euch nicht überzeugen. Aber ihr werdet lernen: Im Nach-Denken des schon Gedachten siegt nicht das Gedachte, sondern das Denken.

Dante

Aller guten (und schlechten) Dinge sind drei: Die Schroffheit des Gegenübers von *Inferno* und *Paradiso* muss durch ein Drittes, das *Purgatorio*, gemildert werden. Und dem Leser weht, hat er die Höllenkreise bis in den Hungerturm des Ugolino durchwandert, schon am Fuß des Läuterungsbergs Himmelsluft entgegen. Gerettet! Das Beste über Dante findet man bei Schopenhauer: «Woher denn anders hat Dante den Stoff zu seiner Hölle genommen, als aus dieser unserer wirklichen Welt? […] Hingegen als er an die Aufgabe kam, den Himmel und seine Freuden zu schildern, da hatte er eine unüberwindliche Schwierigkeit vor sich; weil eben unsere Welt gar keine Materialien zu so etwas darbietet. […] Hieraus aber erhellt genugsam, welcher Art diese Welt ist.» Nach diesem Urteil sind *Purgatorio* und *Paradiso* als Dichtung dem *Inferno* unterlegen, und da ist was dran, wie ich mir nach dreimaliger Lektüre der «Commedia» zu sagen anmaße. Allerdings unterschätzt Schopenhauer das Ausmaß der wichtigsten dichterischen Kraft: der Phantasie. In diesem Punkt war Nietzsche wissender: Die Erfahrung der Hölle, die «diese unsere wirkliche Welt» bietet, gebiert Traumwelten von der Art des olympischen Zauberbergs, den die Griechen, dieses «zum Leiden so einzig befähigte Volk», den «Schrecken und Entsetzlichkeiten des Daseins» entgegenstellten. In ihrer Nachfolge steht, meine ich, Dante, dieser zum Leiden so einzig befähigte Dichter.

Meine Lieblingsfigur: Vergil, wer sonst? Schmerzlich seine Ablösung durch Beatrice am Ende des *Purgatorio*. Ich habe das immer wieder an meinen Schülern erlebt: zuerst der Lehrer, dann die Frau.

Shakespeare

Ich lese den «Hamlet» – ich weiß nicht, zum wievielten Mal. Unendliches Wiedererkennensglück. Nach langen Jahren kehre ich an einen Ort zurück, wo ich mich sehr lange aufgehalten habe und mir jeder Winkel vertraut ist. Dieses Gefühl einer unverbrüchlichen Zugehörigkeit beruht auf der Nachkriegsaufführung des Regensburger Stadttheaters, die ich mit vierzehn Jahren sah: eine grund-legende Erfahrung. Der Eindruck blieb durch spätere, viel bessere Münchner Aufführungen (in den Kammerspielen 1954 mit Peter Lühr, im Residenztheater 1961 mit Thomas Holtzmann) unverwischt, unüberholbar. Ich spürte damals etwas, was mir nie mehr verloren ging: Da geht's um dich, geht's um den Menschen «an sich», das heißt den aller zufälligen Alltäglichkeit entkleideten Menschen. Du bist nicht nur der Sohn deiner Eltern, der Schüler deiner Lehrer, das Beichtkind des Pfarrers von Sankt Emmeram. Du wohnst nicht nur im Haus Kumpfmühlerstraße 3 gegenüber dem Dörnbergpark. Du bist zugleich weit, weit fort, ein Robinson, von dem niemand weiß, in einem Irgendwo, das zwischen den Ufern von Sein und Nichtsein liegt. Dichter, die ich als die meinen erkannte, mussten jenen Hamlet-Ton anschlagen, Büchner zum Beispiel.

Spinoza

Nach der Überlieferung des Johannes-Evangeliums suchte der Ratsherr und Schriftgelehrte Nikodemus die Stille eines nächtlichen Zwiegesprächs, um das Geheimnis der göttlichen Abkunft Jesu zu ergründen. Aber es muss nicht immer Nacht sein, dass Nikodemus-Gespräche zustande kommen. Entscheidend sind Zeit- und Ortsvergessenheit der Gesprächspartner, die glückliche Koinzidenz von Zufall und Notwendigkeit, die plötzlich gelöste Zunge. Eine solche Stunde der Wahrheit begab sich am Morgen des 6. Juli 1780 in Wolfenbüttel. Der Philosoph Friedrich Heinrich Jacobi war am Tag zuvor aus Pempelfort bei Düsseldorf eingetroffen, um seinen Freund Lessing zu besuchen. Dieser hatte ihm Goethes «Prometheus» zu lesen gegeben (das Gedicht war noch nicht im Druck erschienen). Ein Jahr zuvor hatte der ruchlose Dichter im Kreis des Weimarer Hofes Jacobis frömmelnden Roman «Woldemar» an einer Eiche gekreuzigt.

Der Beleidigte ist überzeugt, in Lessing einen Verbündeten gegen das atheistische Ärgernis des «Prometheus» zu finden. Aber der reagiert unerwartet. Der Gesichtspunkt, aus dem das Gedicht genommen sei, sagt er, sei auch sein eigener; er habe ihn schon lange aus erster Hand. Jacobi versteht nicht. Nein, die erste Hand ist nicht diejenige, die den «Prometheus» schrieb – Lessing spricht von Spinoza.

Jacobi traut seinen Ohren nicht. Auch Lessing ein Pantheist? Er sucht zu retten, was zu retten ist: Man wird doch den Glauben an eine verständige persönliche Ursache der Welt und mit ihm die Überzeugung von der Freiheit des menschlichen Willens nicht opfern wollen! Ist Lessing etwa nicht der

Schöpfer seines «Nathan»? Sah er nur dessen Entstehung aus blindlings sich entwickelnden Kräften zu, nicht anders als der in die Luft geworfene Stein des Spinoza, der am höchsten Punkt seiner Bahn denkt: Jetzt will ich umkehren?

Der andere bleibt unheimlich ruhig, unbeirrt. «Ich merke, Sie hätten gern Ihren Willen frei. Ich begehre keinen freien Willen.» Und als der orthodoxe Eiferer sich als guter Kenner des Bekämpften entpuppt, meint er: «Werden Sie lieber ganz sein Freund. Es gibt keine andere Philosophie als die Philosophie des Spinoza.» Jacobi beharrt auf seinem Standpunkt – und gibt dennoch dem Gesprächspartner recht. Indem er sich an sein Studium der «Ethik», Spinozas Hauptwerks, erinnert, lässt er sich zu dem Ausruf hinreißen, der einer Kapitulation gleichkommt: «Eine solche Ruhe des Geistes, einen solchen Himmel im Verstande, wie sich dieser helle, reine Kopf geschaffen hatte, mögen wenige gekostet haben.»

Als diese merkwürdige Unterredung stattfand (Jacobi hat sie drei Jahre später, zweieinhalb Jahre nach Lessings Tod, aufgezeichnet), war ihr Gegenstand eigentlich längst passé. Spinoza war 1677 im Alter von fünfundvierzig Jahren in Den Haag gestorben; die Leute, bemerkte Lessing, sprächen von ihm immer wie von einem toten Hund. Aber noch in dieser wegwerfenden Sprachgeste steckt etwas von der aufwühlenden Wirkung, die von dem so stillen Denker ausging. Jacobis Hin- und Hergerissensein zwischen Nein und Ja spiegelt ziemlich getreu die Ambivalenz von Hass und Liebe, mit der die Mit- und Nachlebenden auf ihn reagierten.

Sein Name war und ist noch immer ein Reizwort. Was in der «Ethik» steht, weiß man so gut wie nie aus erster Hand. Spinozas geometrische Demonstrationsmethode schreckt ab. Und wie trocken, wie abgezogen, wie grammatikalisch klingen seine drei zentralen Begriffe: Substanz, Attribut, Modus! Doch die Denk-Erfahrung, die sich in seinen Definitionen, Axiomen, Lehrsätzen, Beweisen ausdrückt, ist alles andere als abstrakt und rationalistisch dürr.

Spinoza geht nicht den üblichen Weg des europäischen Denkens, von unten nach oben, vom Endlichen zum Unendlichen, von der Welt zu Gott. Auf diesem Weg gelangt man unausweichlich vor eine Schranke, die man nur noch spekulativ überspringen kann. Das gesuchte Absolute ist jenseits davon und erweist sich als zeitlich unzugänglich; es kann nur erschlossen, erahnt oder ausgeklammert werden. Bei Spinoza verhält es sich umgekehrt: Er sucht die Wahrheit nicht. Sie ist schon da, bevor er über sie nachzudenken beginnt. Sie ist das Sein in allem Seienden, ist Lebensglut, Tatensturm, schaffende Natur. Durch alles, was ist, scheint dieser göttliche Grund, der immer derselbe ist: Substanz.

Der Mensch erfährt sie doppelt, als Körper und als Gedanke, denn jedes Ding lässt sich auch denken. So sind ihm wenigstens zwei Eigenschaften der grenzenlosen Substanz bekannt: Ausdehnung und Geist. Das Einzelne verhält sich zum Ganzen wie die Welle zum Wasser. Als seine vergängliche Erscheinungsform ist es nur «Modus» der Gottheit. *Omnis determinatio est negatio*: Jede Bestimmung ist Verneinung. Das individuelle Seiende in seiner (räumlichen) Verschiedenheit und (zeitlichen) Endlichkeit beruht ja auf Ausgrenzung aus der unendlichen und ewigen Substanz.

Der Mann, der so dachte, wie wir heute – an die Grenze menschlich-individueller Überheblichkeit gelangt – zu denken anfangen sollten, wurde am 24. November 1632 in Amsterdam geboren.

Bach

Die Kantate BWV 161 beginnt mit einer Arie, in der ein Altist flehentlich um seinen baldigen Tod bittet: «Komm, du süße Todesstunde». Wohlgemerkt: Es geht ihm nicht um die *eine* Stunde des eigenen Todes, der gefälligst sanft sein möge, ja «süß». Die Todesstunde ist als solche, der Tod eo ipso das Sehnsuchtsziel des menschlichen Daseins. «So brich herein, du froher Todestag! / So schlage doch, du letzter Stundenschlag!» Der Text stammt von Salomon Franck, dem seinerzeit repräsentativen Dichter des Weimarer Hofes, der, ohne im eigentlichen Sinn Pietist zu sein, dem Pietismus empfindungsmäßig nahestand. Bachs Vertonung von 1716 verleiht der «von Herzensgrunde» herbeigeseufzten letzten Stunde ihre unwiderstehliche Anziehungskraft. Unwiderstehlich für wen? Für pietistisch gestimmte Hörer vielleicht, die in Weimar oder Leipzig, wo Bach die Aufführung der Kantate wiederholte, den Gottesdienst am sechzehnten Sonntag nach Trinitatis besuchten, dessen Evangelium die Auferweckung des Jünglings zu Nain verkündete. Aber auch für den Komponisten und Dirigenten, die Sänger-Solisten, die Chormitglieder, die Instrumentalisten? Da zweifle ich. Die konnten sich angesichts der strengen Anforderungen ihres Berufs derlei Weltabschiedsgefühle nicht leisten. Die Kantate gehörte zum religiösen Pflichtpensum: Jede Woche musste ein neues Produkt des Thomas-Kantors einstudiert werden. Auch die ergriffenen Gläubigen hatten zu Wochenbeginn wieder an ihre Geschäfte zu gehen, das Rad des Ixion stand nur für die Dauer des Gottesdienstes still.

Schon damals also waren diese allerchristlichsten «Todeswiegenlieder» (Albert Schweitzer) ein hochproblematisches Phänomen. Und was ist aus diesen Kantaten, den Oratorien, aus der Johannes- und der Matthäus-Passion dreihundert Jahre später geworden? Kaum mehr als ein wohlschmeckendes, in schmucke CD-Hüllen verpacktes Schaumgebäck, hervorgegangen aus dem ästhetischen Rahm, der den sakralen Kompositionen abgeschöpft wurde. An die Stelle des Dialogs der liebeskranken Seele mit ihrem Heiland ist der einsame Kunstgenuss getreten. Kann ein nicht-christlicher, am Ende gar atheistischer Maestro die Matthäus-Passion ebenso angemessen dirigieren wie ein tiefgläubiger Protestant? Ich fürchte: Er kann!

Winckelmann

Mein Lieblingsfach Griechisch verdankte ich ihm. Dem Helden einer Kriminalgeschichte. Sie war oft geschrieben worden und würde noch oft geschrieben werden. Einstweilen las ich Bergengruens Novelle «Die letzte Reise» und einen Roman, über dem der Verfasser, hieß er nicht Gerhart Hauptmann?, gestorben war, weshalb ein anderer die minderwertige Feder ergriffen hatte, ihn fertigzuschreiben. Es floss viel Blut, es ging um Goldstücke, die Maria Theresia dem berühmten Gelehrten geschenkt hatte, und, was das Unfasslichste war, es ging um Liebe zwischen Männern. Jahre später quälte ich mich im altphilologischen Seminar der Münchner Universität, schläfrige Mittagsstunden überbrückend, durch Carl Justis dreibändige Winckelmann-Biographie. Die Mühe hätte ich mir sparen können, weil sich die Darstellung, wie ich leider erst durch einen lange danach erschienenen Essay erfuhr, am Schema des deutschen Bildungsromans orientierte und die Tatsachen, die nicht in den Prozess der Selbstverwirklichung des Genies passten, vernachlässigte. Der Mann war vielleicht gar kein Genie, sondern ein homosexueller Abenteurer. Immerhin wurde mir aus der Lektüre klar, dass ich ohne Winckelmann nicht im altphilologischen Seminar gelandet wäre, weil ich gar nicht die Gelegenheit gehabt hätte, im Regensburger Alten Gymnasium Griechisch zu lernen, und mir ein anderes Lieblingsfach hätte suchen müssen.

Casanova besuchte den Propheten der Nachahmung der alten Griechen in Rom. «Ich trat zu früher Stunde ohne anzuklopfen in einen Raum, in dem er gewöhnlich allein mit der Entzifferung antiker Texte beschäftigt war, und sah einen jungen Burschen flüchten, der in aller Eile seine Hosen in Ordnung brachte.» Winckelmann sei lachend auf ihn zugegangen und habe ihn gebeten, den Vorfall erklären zu dürfen. Er sei alles andere als ein Päderast, habe nie begriffen, was an dieser Neigung verlockend sein könne. Da aber die antike Literatur voller Lobpreisungen der Knabenliebe sei, habe er sich seiner Andersartigkeit geschämt und arbeite nun schon seit drei oder vier Jahren mithilfe der hübschesten römischen Lustknaben an seiner Heilung. Leider bisher vergeblich; er mache sich einfach nichts daraus. Was Casanova sich zu dieser Rechtfertigungsrede gedacht hat, kann man sich denken. An der Erkenntnis der Geburt des sogenannten zweiten europäischen Humanismus aus dem Geist der griechischen Päderastie führt kein Weg vorbei.

Lessing

Der Blick des Zwölfjährigen fiel auf den kleinen Band in der mit Butzenscheiben verglasten Büchernische. Schon lag er in meiner Hand. Er war nicht größer als meine Reclam-Hefte, aber den Titel «Emilia Galotti» umrahmte ein reiches Golddekor auf braunem Leinen. Lessing kannte ich aus dem Dichterquartett, und die Namen seiner wichtigsten Werke hatte ich im Konversationslexikon nachgeschlagen. Die Ausgabe wirkte nicht so alt wie die meisten Bücher in ihrer Nachbarschaft; immerhin war sie, wie das innere Titelblatt verriet, auch schon etwas über hundert Jahre alt: «Berlin, Verlag der Voß'schen Buchhandlung. 1841».

Dem Theater-Almanach von 1947, einem der wenigen neuen Bücher, die man für das wertlose Nachkriegsgeld kaufen konnte, verdankte ich mein jüngstes Berufsziel: Ich würde Regisseur werden. Zu seinen wichtigsten Aufgaben gehörte das Kürzen der klassischen Theaterstücke, die erst durch Striche aufführbar wurden. Ich war nicht zimperlich: Ganze Auftritte von Lessings Trauerspiel fielen dem Rotstift zum Opfer. Schließlich blieb ein Drittel des Textes übrig, ohne dass für den imaginären Zuschauer die Handlung undurchsichtig wurde. Im Gegenteil! Nun machte ich mich an die Besetzung der Rollen. Aus der Zeitung kannte ich eine Fülle von Namen. Der Prinz würde von Horst Caspar verkörpert werden, für den ihm beigegebenen Bösewicht Marinelli kam nur Gustaf Gründgens in Frage, die Emilia war für Käthe Gold vorgesehen, und Joana Maria Gorvin sollte die Gräfin Orsina spielen.

Dass die Figuren wie auf einem Schachbrett angeordnet waren, dass jede Szene genau an dem Platz war, an den sie gehörte, gefiel mir besonders. In dieser ausgeklügelten Gewichtsverteilung erkannte ich die Meisterschaft des Dichters. Zwei Stellen prägten sich mir dermaßen ein, dass ich sie möglichst oft anzubringen versuchte. «Oder meinen Sie», fragte ich mein beliebiges Gegenüber an dem von hungrigen Gästen heimgesuchten Teetisch, «daß Raphael nicht das größte malerische Genie gewesen wäre, wenn er unglücklicher Weise ohne Hände wäre geboren worden?» Noch mehr Befremden erntete ich mit der Beteuerung: «Und glauben Sie, glauben Sie mir; wer über gewisse Dinge den Verstand nicht verliert, der hat keinen zu verlieren.» Den Verstand! Wie bald schon wurde er durch das heilig-glühende Herz verdrängt.

Pestalozzi

Der achtundzwanzigjährige Pestalozzi, seit drei Jahren Bauer auf dem von ihm erworbenen «Neuhof» auf dem Birrfeld beim schweizerischen Brugg, führte ein Tagebuch über die Erziehung seines dreijährigen Sohnes, genannt Jacqueli. Hier ist alles Anfangszauber, pädagogische Morgenfrühe, rousseauhaftes Glücksversprechen. «Ich zeigte ihme Wasser, wie es licht vom Berg hinunterrieselte; es vergnügte ihn. Ich ging einige Steinwürfe weiter hinunter; er folgte mir und sagte zum Wasser: ‹Warte mir, Wasser, ich komme gleich wieder.›» Der Name des Sohnes huldigte dem Verfasser des «Emile», dessen Anweisung Pestalozzi getreulich befolgte: «Im freien Hörsaal der ganzen Natur wirst du deinen Sohn an deiner Hand führen, im Berg und Tal wirst du ihn lehren.»

Der gescheiterte Gründer einer Erziehungsanstalt für arme Kinder, die ihrerseits aus dem Scheitern des landwirtschaftlichen Unternehmens hervorgegangen war, griff schließlich zur Feder. In seinem achthundert Seiten starken «Buch für das Volk», dem vierteiligen Roman «Lienhard und Gertrud», dessen erster, erfolgreichster Teil 1781 erschien, wollte er sein Projekt der Armenerziehung wenigstens auf dem Papier in die Tat umsetzen. Da der Niederschrift eine mehrjährige Erfahrung vorauslag, verliert der Autor dieser pädagogischen und sozialen Utopie nicht den Boden der Realität unter den beschwingten Füßen.

So wurde Pestalozzi zum Statthalter der von Rousseau entdeckten *terra incognita* der Kindheit. Aber diese Statthalterschaft verzichtete von vornherein auf Macht, und sie ist nie, auch nicht in der Blütezeit des Lehrerseminars im Burgdorfer Schloss und auf der Erfolgshöhe von Iferten, der Versuchung der Macht erlegen. Ohne die Aufklärung ist der 1746 Geborene nicht zu denken, und doch ist er alles andere als der Lehrer und Erzieher, der auf der Höhe seines Aufgeklärtseins über den Kindern steht und sie aus dem Sumpf der Unwissenheit und Rohheit zu sich heraus- und heraufzieht. Er lässt sich vielmehr, von Mitleid, Hingabe, Liebe überwältigt, zu ihnen herab, macht sich mit ihnen gemein: «Meine Tränen flossen mit den ihrigen, und mein Lächeln begleitete das ihrige. Sie waren außer der Welt, sie waren außer Stands, sie waren bei mir, und ich war bei ihnen. Ihre Suppe war die meinige, ihr Trank war der meinige.»

Das Scheitern war diesem pädagogischen Radikalismus eingeboren. Der Sohn blieb in seiner geistigen Entwicklung zurück und starb dreißigjährig; der Vater suchte die Schuld in seinem eigenen erzieherischen Enthusiasmus. Mit der Zeit wurden die engsten Freunde und Mitstreiter zu erbitterten Gegnern. Der Einundachtzigjährige starb über der in furchtbarer Aufregung unternommenen Entgegnung auf das Pamphlet «Beitrag zur Biographie Pestalozzis», das sein ehemaliger Freund und wichtigster Mitarbeiter Johannes Niederer veranlasst hatte.

Sein Gott war der Genius des Kindes, er selbst war der Narr dieses Gottes. Aber den Narren gehört die Zukunft. Kein Pädagoge hat die Nachwelt stärker beeinflusst.

Goethe

Ein Dominikanerpater, der an der Regensburger Hochschule lehrte (zu der Zeit, als Ruth Klüger und Martin Walser in Regensburg studierten), sprach 1951 bei der unter uns wohnenden Arztfamilie über Calderons sakrale Dramen; ich durfte trotz meiner sechzehn Jahre dabei sein. Rühmend erwähnte er das gerade erschienene Büchlein von Josef Pieper «Über das Schweigen Goethes». Sollte man auch über Goethe, fragte ich mich, am besten schweigen, ihm nur zuhören? Oder nur mit den vertrautesten Freunden über ihn reden? Dann gäbe es die unendliche Literatur zu Goethe nicht, diese Milchstraße sekundärer Gestirne, in der auch die Schrift von Pieper nur ein winziger Leuchtkörper ist. Zwar hatte sich der von der Mutter hochgeschätzte Paul Claudel damit begnügt, unseren Dichterfürsten einen feierlichen Esel zu nennen, aber damit trat er lediglich eine Lawine des Widerspruchs los oder hätte sie losgetreten, wenn jemand dieses Urteil einen Augenblick ernst genommen hätte. *Si tacuisset. Si tacuissem*, wenn ich nur geschwiegen hätte.

Aber die Rolle als Deutschlehrer entband mich knapp anderthalb Jahrzehnte später von jeder Schweigepflicht. Und ausgerechnet der von seinen Erklärern zerfetzte «Faust», dessen Lektüre spätestens in der Abiturklasse fällig war, möglichst auch der Tragödie zweiter Teil, zwang mich zum Redeschwall. Wo konnte ich ankern? Schließlich klammerte ich mich an die paar Zeilen, die der hundertjährige Faust in seinem Palast vor sich hinmurmelt.

Könnt' ich Magie von meinem Pfad entfernen,
Die Zaubersprüche ganz und gar verlernen,
Stünd' ich, Natur, vor dir ein Mann allein,
Da wär's der Mühe wert, ein Mensch zu sein.
Das war ich sonst, eh' ich's im Düstern suchte,
Mit Frevelwort mich und die Welt verfluchte.

Über zehntausend Verse hinweg verknüpft er sein Lebensresümee, das negativer nicht ausfallen könnte, mit dem Fluch in der längst verlassenen Studierstube. Der Fluch: die unheilbare Zäsur, die einen neuen Lebenslauf nötig machte im Zeichen der mephistophelischen Lebens- und Strebenslüge. Wohl kaum Goethes Schlusswort über sein eigenes Leben; denn so sehr, wie Faust in seinem Dichter aufgeht, so wenig der Dichter in seinem «Faust». Der Rest ist Schweigen.

Mozart

Rokoko, auf die Spitze getrieben und umschlagend ins Absolute. Über das größte Wunder in der Geschichte der Musik ist entsetzlich viel geschrieben worden. Aber fast alles (ich nehme Kierkegaards Huldigung an den «Don Juan» aus) wird zur Makulatur vor den paar Worten, die Thomas Mann drei Tage vor seinem Tod aus dem Zürcher Kantonsspital an seinen angeblich ungeliebten Sohn Michael, genannt Bibi, schrieb. Man habe ihm einen Plattenspieler ins Krankenzimmer gestellt, aber Musik vertrügen seine Nerven nicht. Dafür lese er in Alfred Einsteins Mozart-Buch, «das doch sehr gut ist, nicht wahr, Bibi?» Besonders interessiert habe ihn, «daß M. gar keinen Sinn für Natur hatte oder für Architektur oder Sehenswürdigkeiten überhaupt, sondern Anregung immer nur aus der Musik selbst schöpfte und sozusagen Musik aus Musik machte, eine Art von künstlerischer Inzucht und filtrierter Produktion, sehr merkwürdig.» (Der Briefschreiber spricht, wie er das immer tat, zugleich von sich selbst, man muss nur «Musik» durch «Sprache» ersetzen. Dieses Zugleich geht freilich nicht im mindesten auf Kosten des Objekts, kommt ihm vielmehr zugute.) «Ein Aristokrat war er [Mozart] auch und hatte, anders als Haydn, wenig fürs Volkstümliche übrig, ähnlich wie Goethe. Zeitlebens ärgerte er sich an seiner körperlichen Kleinheit und Unscheinbarkeit. Er muß nach nichts ausgesehen haben.»

Hölderlin

«Hold wie sein Name war Hölderlin», schrieb der auch nach dem Krieg noch hochdekorierte Nazi-Kitschier Wilhelm Schäfer in seinen «Anekdoten». Nein, Hölderlin war nicht hold, er muss sehr kräftig, ja geradezu robust gewesen sein; sonst hätte er nicht seine riesigen Fußmärsche bewältigen können. Als man ihn in die Psychiatrie transportierte, hat er mit fürchterlichen Tobsuchtsanfällen reagiert und musste mit den gröbsten Mitteln gebändigt werden. Beim Schreinermeister Zimmer schließlich ruhig gestellt, hat er seine Hausleute durch tägliches Onanieren verstört. Wilhelm Waiblinger, der ihn oft im Turm besuchte, war davon, da bin ich mir ziemlich sicher, recht angetan.

Meine Lieblingshymne «In lieblicher Bläue blühet ...» hat Waiblinger ihm abgelauscht; es ist Kauderwelsch auf allerhöchstem Niveau, aber eben doch streckenweise Kauderwelsch. Meine Lieblingszeile (anderswo): «Lang ist die Zeit, es ereignet sich aber das Wahre.» Sie ist weltgeschichtlich gemeint. Aber mir dient sie als Stütze und Stab in den unvermeidlichen Zeiten unproduktiven Dahinlebens.

Hegel

Letzter Versuch, Gott für die Welt und damit die Menschheit zu retten: die Verlegung der räumlichen Gegenwart des nahen oder unendlich fernen Gottes in das (durch Jesu Rede vom *kommenden* Reich Gottes gebahnte) Nacheinander der Zeit. An die Stelle der Natur tritt die Geschichte. Das alles nachträglich rechtfertigende Absolute verwirklicht sich erst am Ende der Geschichte, die nichts ist als die Geschichte seiner Verwirklichung.

Mein Lieblingszitat stammt aus der Vorrede zur «Phänomenologie des Geistes»: «Aber nicht das Leben, das sich vor dem Tode scheut und von der Verwüstung rein bewahrt, sondern das ihn erträgt und in ihm sich erhält, ist das Leben des Geistes. Er gewinnt seine Wahrheit nur, indem er in der absoluten Zerrissenheit sich selbst findet.»

Der ungeheure Augenblick in der Geschichte des Hegelschen Denkens muss die Erkenntnis gewesen sein, dass in und mit diesem Denken ein entscheidender Schritt in der Geschichte des Weltgeistes sich vollzog, nämlich jenes Sichselbst-Finden in der Zerrissenheit. Das denkende Subjekt erkennt sich selbst als einen Moment des von ihm gedachten Prozesses und hebt sich damit auf.

In Hegels Antrittsrede an der Berliner Universität am 22. Oktober 1818 figurieren Kant und die Kantianer unter dem Namen der «sogenannten kritischen Philosophie»; sie ist die zu überwindende Feindesmacht. Denn sie hat dem «Nichtwissen des Ewigen und Göttlichen ein gutes Gewissen gemacht, indem sie versichert, *bewiesen* zu haben, daß vom Ewigen und Göttlichen nichts gewußt werden könne». Dagegen ist der «Mut der Wahrheit», der «Glauben an die Macht des Geistes» die «erste Bedingung des philosophischen Studiums; der Mensch soll sich selbst ehren und sich des Höchsten würdig achten. Von der Größe und Macht des Geistes kann er nicht groß genug denken. Das verschlossene Wesen des Universums hat keine Kraft in sich, welche dem Mute des Erkennens Widerstand leisten könnte, es muß sich vor ihm auftun und seinen Reichtum und seine Tiefen ihm vor Augen legen und zum Genusse bringen.» Worte, die dazu angetan waren, Kleist über seine sogenannte Kant-Krise hinwegzuhelfen; aber der war schon sieben Jahre tot.

Friedrich Schlegel

Ein Aspekt des Intellekts ist der kritische. Wenn er überhandnimmt, der Teil zum Ganzen wird, kommt ein Kopf wie Friedrich Schlegel heraus: Intelligenz verwirklicht sich ausschließlich im Verletzen anderer, als Rivalen empfundener Geister. Der Mann kommt aus den ungünstigsten Verhältnissen, kann sich nur mit intellektuellen Boxhandschuhen einen Platz unter den etablierten Namen verschaffen. Er kennt nichts als Gegner und Anhänger. Schellings Denken verliere in dem Maße an «Witz», in dem er Karl Ludwig von Woltmann, Schlegels mit kettenhundeartigem Geifer bekämpften ehemaligen Göttinger Studienfreund, noch weiterer Kontakte würdigt. Auch die Freundschaft mit Novalis, wohl die wichtigste des im Grunde Freundschaftsunfähigen, droht in die Brüche zu gehen, weil der vom Tode seiner Sophie in ausweglose Verzweiflung getriebene Novalis («Nur ein Wunder kann mich selbst mir wiedergeben») mit Woltmann, dem «Lügner», «elenden Windbeutel», «Lumpenhund», Briefe zu wechseln wagt – dankbar für dessen Besuche am Bett der Sterbenden. Der von Novalis schwärmerisch verehrte Schiller, der einen Aufsatz Woltmanns in seinen «Horen» gedruckt hat, wird nicht nur deshalb zu Schlegels Hassobjekt. Der will als Poet und Philosoph alles, was Rang und Namen hat, überbieten. Die großen Projekte überschlagen sich, sie sollen eine neue Religion begründen, ein neues Zeitalter eröffnen – was herauskommt, ist eine Handvoll geistreicher Fragmente. Novalis sagt es ihm brieflich ins Gesicht: Seine Schriftstellerei breche ab, «wo wir nun grade aufs Beste gefaßt sind – Andeutungen – Versprechungen ohne Zahl [...] aber gib uns auch endlich, wenn Du anders nicht ganz Künstler werden willst – wo nicht etwas Brauchbares, doch etwas Ganzes». Zum Bild gehört die verbissene Arbeitswut, der permanente Überdruck, die hochgradige «Brennbarkeit» des Gemüts. Ein guter Geist? Auch Antipoden sind unentbehrlich.

Novalis

Zu viel Alchimie ist im Spiel, zu viel Mystizismus. Sehr verzeihlich (und was alles verziehe man einem Novalis nicht aus vollem Herzen) angesichts des Verlustes der Verlobten und des Lieblingsbruders Erasmus innerhalb von vier Wochen. Und wohl auch schon der ihm eigenen Todesgeweihtheit. Er war fünfundzwanzig, als die ihm Nächsten starben, und hatte noch vier Jahre zu leben. Die dreibändige Ausgabe seiner Werke, mitten im Krieg bei Lambert Schneider erschienen, namentlich der dritte Dünndruckband mit den «Fragmenten», begleitete mich seit dem achtzehnten Lebensjahr. Sooft ich den Band zur Hand nahm, hatte ich das Gefühl, über einen noch weitgehend ungehobenen Schatz zu verfügen. Er blieb ungehoben. Die Person eines Friedrich von Hardenberg überwiegt ihre Äußerungen. Der Wohlklang des angenommenen Namens, das bekannte Bild, das natürlich auch das Dichterquartett schmückte, verführten dazu, einen unendlich sanften, unendlich liebenswürdigen, eher mädchenhaften Jüngling in ihm zu sehen. Davon kann keine Rede sein. In seiner Studentenzeit neigte er zu Müßiggang und Ausschweifung, dann war er ein überaus gewissenhafter «Actuarius», der in seinem entsetzlich kurzen Leben der Poesie und Philosophie nur Nebenzeiten einräumen konnte, während Friedrich Schlegel als freier Schriftsteller lebte und Fichte und Schelling Lehrstühle innehatten. Es fehlte ihm nicht an einer kritischen Ader, sein «Republikanismus» schützte ihn vor jeglicher Untertänigkeit. Aber er musste keinen verkleinern oder gar vernichten, um ihn zu überwinden, eine enorme Liebeskraft durchdrang jede Faser seiner Existenz.

Kleist

«Kann» man mit vierzig noch Kleist lesen? Ich ziehe die Grenze mit dem vierunddreißigsten Lebensjahr, Kleists selbstgewähltem Todesjahr. Der Dichter der «Schroffensteins», der «Hermannsschlacht», aber auch des «Käthchen», der «Penthesilea», des «Homburg» ist im Grunde ein Jugendschriftsteller, ein ebenso guter wie gefährlicher, und das gilt auch großenteils für den Erzähler und den Verfasser der für ein Abendblatt in journalistischer Hetze hingeworfenen Anekdoten. Da die Erwachsenen in meiner angehenden Jugend das Wort «passend» beziehungsweise «unpassend» im Munde führten, wenn es um meine Lektüre ging (Stifter war auf eine geradezu beleidigende Weise passend, Kafka schwindelerregend unpassend; nicht dass ich mich daran gehalten hätte), erkläre ich den «Zerbrochenen Krug» und den «Amphitryon» für weniger passend, jugendliche Leser zu begeistern, und natürlich trifft für das «Marionettentheater» keinerlei Altersgrenze zu. Was den Sechzehn- und Siebzehnjährigen aber geradezu auf den Leib geschrieben ist, sind die Briefe, die als Begleitmusik zu Kleists Leben dieses seinerseits in einen die genannte Altersstufe hin- und mitreißenden Roman verwandeln. Einen höchst verführerischen. Ein Freund hatte nach ihrer Lektüre den unumstößlichen Entschluss gefasst, es seinem Idol gleichzutun, und nur ein Blinddarmdurchbruch am Tag der geplanten Aktion rettete ihm das Leben.

Brentano

In der «Geschichte vom braven Kasperl und dem schönen Annerl» gerät der Ich-Erzähler bei der Frage einer alten Bäuerin nach seinem Handwerk in Verlegenheit. «Da wußte ich nicht recht, wie ich es ihr deutlich machen sollte, daß ich ein Schriftsteller sei ... Eine gewisse innere Scham hält uns zurück, ein Gefühl, welches jeden befällt, der mit freien und geistigen Gütern Handel treibt.» Der zwiespältige Beruf des Dichters, der die Schätze seines Inneren dem Publikum feilbietet, mit den heiligen Gaben der Phantasie «Handel treibt», das Eitle, Verräterische, auch Lügenhafte eines solchen Gewerbes: Vor der kindlichen Einfalt, der bergeversetzenden Gläubigkeit der Alten werden sie zuschanden. Der Erzähler verfällt auf den Ausweg, sich als «Schreiber» zu bezeichnen, und diese Antwort löst über die Bittschrift, die er für die Frau an den Herzog aufsetzen soll, den kunstvoll verschlungenen Gang der Geschichte aus.

Hätte nur Dr. K., unser Deutschlehrer in der Abiturklasse, nicht ausgerechnet nach einer ebenso ausgiebigen wie unergiebigen Behandlung des «Faust» das Reclam-Heftchen mit Brentanos Erzählung ausgeteilt und seine Lektüre bis zur drittnächsten Deutschstunde aufgegeben. Die Verwandlung einer Dichtung in eine Hausaufgabe entstellte sie für mich zu einem unlesbaren Text. Auch in diesem Fall lag der schnöde Missbrauch eines freien und geistigen Gutes als Handelsobjekt vor.

Herrn Dr. K. sei Dank! Die Vereitelung einer zu frühen Lektüre ermöglichte die viele Jahre später mit flammendem Entzücken nachgeholte. Dieses Nonplusultra einer labyrinthischen Erzählkunst wurde mir erst in einem einigermaßen fortgeschrittenen Lesealter genießbar. Ihr Schöpfer hatte die Altersgrenze für derlei Virtuosentum gerade überschritten. Die Novelle ist 1817 entstanden, in jenem Jahr, das dem vierzigjährigen Clemens die tiefste Zäsur seines Lebens bescherte: die Abwendung von einer zwischen Lebensfieber und exzessiver Poeterei zerrissenen Existenz durch den Entschluss, sich seiner alleinseligmachenden Mutterkirche in die Arme zu werfen, der er dann auch bis zum Ende verfallen blieb. Der Dichter-Saulus wurde zum Schreiber-Paulus: Fünf Jahre, bis zu ihrem Tode, saß er, der in der Frankfurter, Berliner, Heidelberger, Prager, Wiener und Münchner Gesellschaft mit seinem scharfen Witz geglänzt hatte, der ehemals zweimal verheiratete, lichterloh brennende Erotiker, am Bett der stigmatisierten Nonne Anna Katherina Emmerick im westfälischen Dorf Dülmen und zeichnete ihre Visionen vom «bitteren Leiden unseres Herrn Jesu Christi» auf. Noch ein Vierteljahrhundert hat Brentano nach seiner «Bekehrung» gelebt, «eingemauert», wie Heine sagte, in seinen Katholizismus.

Aber der Dichter, sein siamesischer Zwilling, ließ sich nicht totkriegen. Er überlebte des anderen Misstrauen, ja dessen Abscheu gegenüber dem Talent und seiner Produktion, das Grauen davor, sich gedruckt zu sehen. Im schlichten Gewand des Volkslieds, im Büßerhemd geistlicher Reime kommt die nach wie vor raffinierte Kunst dieses größten Dichters der Romantik gegangen. Wunderhorn-Knabe und «armes Büblein» (aus dem «Tagebuch der Ahnfrau») gehören zusammen wie Stern und Blume, Geist und Kleid, Bild und Klang. Poesie spiegelt sich im Leben und verwandelt es zum Roman, wie das Leben sich spiegelt im Gedicht. Der Reflexe, Brechungen, Subjekt-Objekt-Vertauschungen ist kein Ende.

In München, wo Clemens Brentano von 1833 bis 1842 die letzten Jahre seines Wanderdaseins verbrachte, schrieb er die Marianne von Willemer gewidmete «Herzliche Zueignung» des Märchens «Gockel, Hinkel und Gackeleia», einen verschlüsselten Überblick über sein Leben. Er schildert darin die Kränkung, die ihm aus der Entdeckung erwuchs, dass sein Phantasie-Vaduz, das er sich in einer Dachkammer des Frankfurter väterlichen Hauses erschaffen hatte, auf der Landkarte einen ganz gewöhnlichen Namensvetter aufwies. Damals habe ihn die Frau Rath Goethe mit den Worten getröstet: «Dein Reich ist in den Wolken und nicht von dieser Erde, und so oft es sich mit derselben berührt, wirds Tränen regnen. Ich wünsche einen gesegneten Regenbogen.» Die Räthin ist freilich ihrerseits in der Phantasie des Dichters beheimatet, seiner Einbildungskraft mit allen Wahrzeichen einer gütigen Fee entsprungen, eine geborene Vaduzerin.

Marianne

In der schmalen Zone zwischen den Biedermeier-Niedlichkeiten, hinter denen sie sich versteckte, und der Ereignislosigkeit ihres nur noch gelegentlich von Ahnungen eines Höheren erleuchteten Alters muss man die Marianne suchen, die, «so lange mir erharrt», mit Suleika verschmolz und in der Vereinigung mit Goethe-Hatem das Paar des «West-östlichen Divans» bilden sollte, «musterhaft in Freud' und Qual». Goethes Gedicht «Wiederfinden», das Mariannes und sein persönliches Erleben mit alttestamentarischen, kabbalistischen, griechischen Elementen einer Weltentstehungslehre verknüpft und in seiner letzten Strophe den individuellen Liebesbund ins Zeitlos-Typische erhöht, wurde am 24. September 1815 im gemeinsam besuchten Heidelberger Schlossgarten wenn nicht verfasst, so doch konzipiert. Den biographischen Bezug vieler Gedichte aus dem «Buch Suleika» im «West-östlichen Divan» hat Goethe selbst durch die Signatur von Ort und Datum ihrer Entstehung betont.

Jene letzte Begegnung hatten Mariannes viel älterer Mann Johann Jakob Willemer und Goethes viel jüngerer Freund Sulpiz Boisserée arrangiert. Ihr gingen Sommerwochen eines ungetrübt glücklichen Zusammenseins auf der am Main gelegenen Gerbermühle voraus, das das Treffen im Jahr zuvor an Erfüllungsseligkeit und vielleicht auch Erfüllungsmelancholie weit übertraf. «Das Glück», sagt Paul Valéry, «ist die grausamste Waffe in den Händen der Zeit.» Goethe bekam sie als «Brustweh» zu spüren, «das sich fast in Herzweh verwandelt hätte, natürliche Folge der Heidelberger Zugluft und veränderlichen Schloßtemperatur», Marianne in Form qualvollen Entbehrungsschmerzes. Vier Jahre «danach» ging am 22. August 1819 ein Exemplar des «Divan» von Weimar nach Frankfurt ab. Hier war Mariannes und Goethes Spur dem Staub, dem «beweglichen», mit einem Stift eingezeichnet, dessen Prägekraft Dauer versprach. Beruhigung ging davon aus, nicht Heilung; um keinen Preis wollte Marianne jemals geheilt sein, wusste sie doch, wie «öde, wie tot die Welt» dem «halbgetrockneten Auge» erscheint. Von der Flamme, die in ihr brannte, wäre nichts als der fahle Widerschein in Worten und Reimen übriggeblieben. Der Blick in eine Zukunft, in der mit der Liebe auch der Schmerz vergangen sein würde, ließ sie schaudern.

Als Hermann Grimm, der Sohn Wilhelms und Neffe Jakobs, zum Vertrauten ihres letzten Lebensjahrzehnts wurde, war die Zukunft der getrockneten Augen längst Gegenwart geworden. In Eckermanns Gesprächen hatte Marianne unter dem Datum des 12. Januar 1827 gelesen, Goethe habe anlässlich eines Hauskonzerts «die Bemerkung gemacht, daß diese Lieder des ‹Divan› gar kein Verhältnis mehr zu mir haben. Sowohl was darin orientalisch als was darin leidenschaftlich ist, hat aufgehört, in mir fortzuleben; es ist wie eine abgestreifte Schlangenhaut am Wege liegengeblieben.» Davon hatte die seinerzeit immer noch junge Frau nichts hören wollen, aber auch sie entrann nicht dem Schicksal des Sich-selbst-Überlebens. «Einmal in meinem Leben», schrieb sie am 4. August 1852 an Hermann Grimm, «war ich mir bewußt, etwas Hohes zu fühlen, etwas Liebliches und Inniges sagen zu können, aber die Zeit hat alles, nicht sowohl zerstört, als verwischt, und was von Erinnerung mir geblieben, ist ein ahnungsvolles Erkennen der Wahrheit und Schönheit, wo ich sie zu finden glaube.»

Schopenhauer

«Der schmutzige Daumen» hieß das 1948 auf holzhaltigem Nachkriegspapier gedruckte Büchlein von Albrecht Fabri, das mich Mitte der fünfziger Jahre auf Eisenbahnfahrten begleitete – es teilte sich diese, wie ich damals fand: Ehre mit Benjamins «Einbahnstraße» und dem Proust-Buch von Ernst Robert Curtius. Fabri zitierte aus der Vorrede zur «Welt als Wille und Vorstellung» den Satz: «Ich halte jenen Gedanken [gemeint ist der einzige Gedanke, den der dreißigjährige Verfasser in den vier Büchern seines Werks mitzuteilen gedenkt] für Dasjenige, was man unter dem Namen der Philosophie sehr lange gesucht hat, und dessen Auffindung, eben daher, von den historisch Gebildeten für so unmöglich gehalten wird, wie die des Steines der Weisen [...].» Aus diesen Worten spreche, so Fabri, der in jedem seiner kurzen Essays mit Überraschungen aufwartete, «eine simple Rentnerpsyche: ein Bedürfnis, sich und die Philosophie zur Ruhe zu setzen». Da ich um alles in der Welt meinen geistigen Lebensweg nicht als Rentner antreten wollte, war mir Schopenhauer a priori verleidet. Hinzu kam, dass Nietzsche seine Lehre in einem kleinen Gedicht für «abgetan» erklärte.

Aber das Versprechen, mit der Lektüre von ein paar hundert Seiten in den Besitz des Steines der Weisen zu gelangen, hatte sich in eine Gehirnwindung eingefressen und ließ mir auf Dauer keine Ruhe – eben die Ruhe nicht, die laut Fabri dem Denken durch jenes Versprechen drohte. Dreißig Jahre hatte ich widerstanden. Dann gab ich mich, ein später Freier der Wahrheit, lustvoll dem Sog des Buches hin. Endlich kam ich in den Genuss eines vollständigen philosophischen Systems, in das einzudringen die «Kritik der reinen Vernunft» und die «Phänomenologie des Geistes» mir nur bis in sehr begrenzte Vorhöfe erlaubt hatten und das der restlos eingängige Aphoristiker Nietzsche mir schlechthin vorenthalten hatte.

Nun lag der Stein der Weisen also in meiner Hand und – war weder gut noch schön. Das war (für mich) etwas völlig Neues: dass die Wahrheit zusammenfiel mit dem Inbegriff des Schlechten und Hässlichen und sich in der schlechtesten aller denkbaren Welten objektivierte. Und die Vernunft war nicht etwa der Schein des Himmelslichts, sondern das Licht, das der Wille sich angezündet hatte, um besser zu seinen bösen Zwecken zu kommen. Dennoch spendete Schopenhauer vielen seiner Leser das, was die Philosophie ihnen meistens schuldig bleibt: Trost. Thomas Buddenbrook fühlt bekanntlich nach der vierstündigen Lektüre des «halb gesucht, halb zufällig in seine Hände geratenen» Buches «sein ganzes Wesen auf ungeheuerliche Art geweitet und von einer schweren, dunklen Trunkenheit erfüllt». Diese Wirkung geht aus von dem Kapitel «Über den Tod und sein Verhältnis zur Unzerstörbarkeit unseres Wesens an sich». Ich hielt mich mehr an Schopenhauers Ästhetik, das Thema des dritten Satzes des in Sonatenform komponierten Werks, sozusagen seines Scherzos.

Hat je ein Philosoph einen musikalischeren Satz zu Papier gebracht als jenen, mit dem Schopenhauer die erlösende Wirkung der Kunst feiert und der ausschwingt in die sechs Worte: «das Rad des Ixion steht still»? Er setzt bei seinen Lesern die Kenntnis der griechischen Mythologie voraus. Ixion ist einer der von den Göttern mit ewiger Qual bestraften Frevler; Zeus hat ihn für seine Undankbarkeit auf ein feuriges, durch die Lüfte wirbelndes Rad geflochten. Sein Leiden dient dem Philosophen zur Veranschaulichung des Sklaventums, in das uns der uns beherrschende Willensdrang zwingt. Nur scheinbar sind wir Subjekte unseres Wollens, tatsächlich Treibgut des einen Willens, der die Welt im Innersten zusammenhält, indem er sie in Abermilliarden von Willenszentren auseinandersprengt. Aber da gibt es die Kunst, namentlich die Musik, der wir den Ausnahmezustand verdanken, den Kant interesseloses Wohlgefallen, sein ihn überbietender Schüler Seligkeit des willenlosen Anschauens nennt. Schopenhauer vermittelt diese Seligkeit in einer Sprache, die ihrerseits schon jenes selbstvergessene Erkenntnisglück herbeiführt, das wir als Leser einer Shakespeare-Tragödie, als Betrachter von Altdorfers «Alexanderschlacht», als Hörer von Isoldes Liebestod erfahren. Oder, weil Schönheit nicht ausschließlich in Form von Kunstwerken erscheint, beim Anblick einer Gebirgslandschaft oder des nächtlichen Sternenhimmels.

Der Stillstand des grausamen Rades hat freilich einen furchtbaren Mangel: Er dauert nicht. Das Rad macht nur Pause. Der Beifall, mit dem wir den Dirigenten des «Tristan» überschütten, täuscht uns über die Katastrophe hinweg, dass die Aufführung zu Ende ist, wir den Tempel der Kontemplation verlassen, um wieder den Kampf ums Dasein aufzunehmen, im *bellum omnium contra omnes* auf- und unterzugehen. Die Kunst ist nur Vorschein, Vorgeschmack einer Utopie, die «gänzliche Selbstaufhebung und Verneinung des Willens» heißt und vom welterlösenden «Heiligen» erhofft wird (nicht etwa vom Selbstmörder, der dem Willen nur in die Hände arbeitet). Wie alle Utopien und Parusien wird auch diese niemals Wirklichkeit werden. Aber dass sie gedacht und in Sprache übersetzt wurde (und in was für eine!), lässt das Rad des Ixion auch noch für die Dauer der Lektüre des vierten Buchs von Schopenhauers Werk stillestehen.

Ranke

Er stammte aus Wiehe, der kleinen thüringischen Stadt im Unstruttal, in der meine Frau Margrit 1953, 158 Jahre später, geboren wurde. Rankes «Geschichte der Päpste» steht unter meinen Rombüchern. Gelesen habe ich sie nie; es ist das Los des Historikers, vom Fortschritt seiner Wissenschaft unbarmherzig aufs Altenteil verwiesen zu werden. Die antike Geschichtsschreibung eines Herodot, Thukydides, Tacitus nehme ich selbstverständlich aus. Und auch bei den großen Historikern des 19. Jahrhunderts beruht das Überholtsein wahrscheinlich auf einer optischen Täuschung. Im Falle Rankes, Niebuhrs und Mommsens bin ich ihr erlegen (nicht bei Burckhardt und Gregorovius). Aber Rankes Wort, dass jede Epoche «unmittelbar zu Gott» sei, wurde zum Rettungsanker beim drohenden Ertrinkungstod im Strom der Zeit. Mitzudenken ist, dass es von einem gesagt wurde, der im Hinblick auf viele Epochen wusste, «wie es eigentlich gewesen» ist.

Es wäre lächerlich, den Zusammenhang der überblickbaren Zeitalter zu leugnen. Aber das Nacheinander, das die gnadenlose Ablösung und Auslöschung des Früheren durch das folgende Spätere bedeutet, ist nur der eine Aspekt des Laufs der Geschichte. Der andere ist das Nebeneinander von Konstellationen in ihrer Zeit. Das gilt auch für die Generationen. Jede Generation ist mehr als der Moment in einem Prozess, mehr als Stufe, auf die der Höhersteigende tritt. Meine Eltern sind nicht nur meine Eltern, sondern zwei Menschen, die sich unmittelbar zu einer zeitlosen Instanz verhalten. Vergangene Szenarien – der Freudentaumel einer Großstadtbevölkerung, wenn endlich, endlich die Friedensglocken läuten, die Seligkeit der Mutter bei der Geburt ihres ersten Kindes, Erfüllungsstunde im Gelände – sie sind *vorbei*. «Was ist daran zu lesen?», fragt Mephisto. «Es ist so gut, als wär es nicht gewesen.» Doch die andere Seite der Medaille lautet auf Ewigkeit. Dem Es-war-einmal steht das zeitlose Jetzt einer auf ein Absolutes bezogenen Gestalt gegenüber. Im «Faust» heißt die entsprechende Stelle: «Was einmal war, in allem Glanz und Schein, / Es regt sich dort [im Bilder-Reich der Mütter]; denn es will ewig sein.» Damit ist es, im Sinne Rankes gesprochen, noch nicht gerechtfertigt. Die Unmittelbarkeit zu Gott impliziert auch ein jüngstes Gericht.

Platen

Der homosexuelle gräfliche Page, Schüler, Student musste sich als Kranker unter Gesunden fühlen und abgestempelt finden. Er suchte Zuflucht – ausnahmsweise nicht bei den Griechen à la «Hellas ewig unsre liebe», sondern im Orient bei Hafis und seinesgleichen. Schon als junger Mann veröffentlichte er Hunderte von Ghaselen. Kein Vers ist verräterischer als der Anfang des wunderbaren hundertsten Ghasels: «Es liegt an eines Menschen Schmerz, an eines Menschen Wunde nichts. / Es kehrt an das, was Kranke quält, sich ewig der Gesunde nichts.»

Die Droste

In der Nähe des Ingolstädter Gymnasiums, in dem ich als junger Lehrer sechs Jahre lang Griechisch, Latein und Deutsch unterrichtete, lag das «Faustus»-Café, so genannt, weil der historische Doktor Faustus in dem zugehörigen Haus sich einige Zeit aufgehalten haben soll. Dort ließ ich unzählige Nachmittagsstunden vergehen – immer lesend. Nicht nur «Frost», die «Hundejahre», «Gantenbein», auch Wilhelm von Kügelgens «Jugenderinnerungen eines alten Mannes» und – die 1944 bei Eugen Diederichs in Jena erschienene Gesamtausgabe der Briefe der Annette von Droste-Hülshoff, zwei etwas stockfleckige Bände von jeweils sechshundert Seiten. O namenloses Staunen des ledigen und also seine Nachmittage ebenfalls hier verbringenden Kollegen Dr. Vogelsang! Wie konnte ich nur meine Jugend an derlei verstaubte Nichtigkeiten verschwenden. Er seinerseits blätterte in Illustrierten und bandelte in Zwischenzeiten mit einem der bedienenden Mädchen an, das er tatsächlich eines Tages heiratete – da hatte ich freilich die Stadt meiner pädagogischen Anfangsschritte schon seit längerem verlassen. Auf einem offenbar für die Nachwelt bestimmten Zettel, den ich einem der beiden Bände beilegte, hatte ich notiert: «Das Milieu, aus dem die Droste kommt und das sie eigentlich nie verlassen hat, ist keineswegs kunstfeindlich. Schlimmer: Alle Familienmitglieder spielen Klavier, man studiert Werke über den Generalbaß, man liest sich an den endlosen Winterabenden die dem Lesezirkel entliehenen Kalendergeschichten vor. Das Grundmotiv dieser Beschäftigungen ist die Langeweile. Sie intensiviert verwandtschaftliche und freundschaftliche

Beziehungen. Annettes Welt ist bevölkert von Lieblingsonkeln und Herzenstanten, kränkelnden Cousinen, Geistersehern. Gäste kommen und gehen, die nichts bringen und nichts nehmen, die aber das Los der Langeweile teilen, es sich wechselweise zuspielen in Gestalt von Stammbuchblättern und Poesiealben. Die Figur des Gedichte schreibenden Edelfräuleins fällt nicht aus dem Rahmen, vor allem, wenn es geistliche Gedichte sind. Man ist schließlich eisern katholisch. Selbstverfaßte, kalligraphisch präsentierte Verse sind Handarbeiten auf ihre Art und als Geburtstagsgaben und Weihnachtsgeschenke kaum weniger hoch zu achten als perlenbestickte Tabaksbeutel und bunte Federnpensées.»

Wie aus dieser Familie, die sich mit unendlichem Kleinstadtklatsch knapp über Wasser hielt, dem Wasser, in dessen Mitte das feuchtkalte Schloss seine Bewohner zu lebenslänglicher Gefangenschaft verurteilte, wie aus dieser mit Haut und Haar den eingespielten Regeln ergebenen Familie die atemberaubend kühne Dichterin der «Mergelgrube» und der «Judenbuche» hervorging, gehört zu dem unlösbaren Rätsel des Anfangs, dem jede «Größe der Meister» entspringt – und ihr Elend.

Nestroy

Vor ein paar Wochen ging ich nachts, um ein ungewöhnlich großes Schlafloch zu stopfen, auf die Suche nach einer passenden Lektüre und griff von ungefähr nach einem Band Nestroy. Nie hatte ich ihn gelesen, immer nur im Theater erlebt. Aber wer nicht in Wien wohnt, hat heute keine Chance mehr, Nestroy auf der Bühne zu sehen. Schon in den siebziger Jahren war Kurt Meisel als Intendant des Münchner Residenztheaters eine von der Kritik erklärte *persona non grata.* Der aber inszenierte unverdrossen einen Nestroy nach dem anderen und spielte die Rollen, die der Dichter sich auf den Leib geschrieben hatte. Auch in den Brecht-treuen Kammerspielen hatte Nestroy einen heimatlichen Ort. So sah ich dort 1958 Karl Paryla als Titus Feuerfuchs im «Talisman» (und ein Jahrzehnt später den Titus von Nikolaus Paryla im Residenztheater), 1966 den «Zerrissenen» mit Romuald Pekny als Lips, Rudolf Rhomberg als Gluthammer, Christa Berndl als Kathi. Noch schlief, damit wir uns freuten, das Regietheater.

Das Schlafloch schloss sich über der Lektüre des «Unbedeutenden». Ich glaubte, eine Entdeckung gemacht zu haben, und stellte tags darauf bei der Durchsicht alter Theaterprogramme fest, dass ich das Stück im Oktober 1974 im Residenztheater gesehen hatte. Nicht die Spur einer Erinnerung war geblieben. Aber daran lässt sich der Rang einer Aufführung nicht messen – leider. Sie war zweifellos vorzüglich. Schuld war die Zeit, die mit triefendem Schwamm unsere Eindrücke als Kreideschrift auf einer Schiefertafel löscht. Was weiß ich noch von der wunderbar besetzten Inszenierung des «Jux» 1973, wieder im Residenztheater? Nichts außer dem Christopherl der Christine Ostermayer, das sich in jubelnder Vorfreude auf das Abenteuer um die eigene Achse drehte. Und dass ich diese Vorfreude auf die drei noch ausstehenden Aufzüge restlos teilte.

Man muss trotzdem im Theater den Geschmack von Nestroy mitbekommen haben, um ihn mit Genuss lesen zu können. Muss man auch die Tradition des Wiener Volksstücks kennen, ohne die das aus ihr hervorgegangene Phänomen Nestroy nicht zu verstehen wäre? Schaden kann's nicht, aber es ist nicht notwendig. Unendlich viel wichtiger als die Wurzeln sind die Wipfel. Die des «Lumpazivagabundus», des «Mädl aus der Vorstadt», des «Kampl» wiegen sich zusammen mit den edelsten Baumsorten im Zauberwald der europäischen Komödie – neben Aristophanes, Menander, Plautus, Shakespeare und Molière.

Mörike

Morgenlicht, Morgenluft des noch jungen 19. Jahrhunderts umgibt die jugendliche Existenz dieses Tübinger Stiftlers, die «flaumenleichte Zeit der dunkeln Frühe». Als er mit seinen Freunden das Phantasieland Orplid erfand, hatte sich der romantische Wellenschlag beruhigt, Novalis war gestorben, Friedrich Schlegel wurde katholisch, Arnim heiratete Bettina. Goethe dichtete seine Elegie, um nie wieder nach Marienbad zu fahren, und Hölderlin im nahen Turm den einen oder anderen Vierzeiler. Das Jahrhundert schien stillzustehen, Atem zu holen. Es war nur ein seliger Augenblick. Die Freunde trennten sich, um an verschiedenen Orten ungeliebten Berufspflichten zu genügen, aber die zentrifugalen Triebkräfte kamen auch von innen. Orplid war nur noch Erinnerung, Peregrinas Erscheinung ein Zwischenfall. Mörike ist der Name für den schleichenden Prozess der Auszehrung und Abtötung, den das Älterwerden bedeutet. Der unermessliche Reichtum der Präexistenz verliert sich, der alles verheißende Aufbruch verläuft sich im Sand immer tieferer Ernüchterung. «Und es fordert die Seele / Tag für Tag der Gebrauch uns ab», heißt es bei Hölderlin. Es bleibt das Dinggedicht, die Jamben «Auf eine Lampe» im fast vergessnen Lustgemach, einer untergegangenen Gegenwelt zur protestantischen Pfarrstube, aus der sich das Schöne unwiderruflich zurückgezogen hat, selig in ihm selbst.

Wiederkehr des Verdrängten: Die Aufklärer hatten dem Harlekin das Lebenslicht nicht ausblasen können. Auf dem Jahrmarkt überlebte er, und als Münchner Dultkasperl lernte ihn der Kinder- und Volksbelustigungen solcher Art herzlich zugetane bayerisch-königliche Zeremonienmeister und Hofmusikant Franz Graf Pocci kennen, um 1876 als Klassiker der Puppenkomödie zu sterben. Von dem Leipziger Literaturpapst Johann Christoph Gottsched aus der Literaturgeschichte des 18. Jahrhunderts ausgewiesen, zog der Harlekin in veredelter Gestalt, sozusagen als Herr von Larifari, in die des 19. wieder ein. Und selbst im engen Bretterhaus des 1858 in München eröffneten Marionettentheaters schritt er den Kreis der Schöpfung aus: Poccis Stücke sind bajuwarisches Kasperl-Welttheater, in ihrer Art demselben Boden entwachsen wie zum Beispiel Carl Orffs «Astutuli».

Wie dieser Kasperl durch Räume und Zeiten poltert und stolpert, sich mit den Türken herumschlägt, in die Mysterien der Leuwutschen eingeweiht wird oder mit knapper Not den Händen und Zähnen der «menschenfleischappetitlichen» Wilden entrinnt, ist er jenes Stück Natur in uns, von dem wir hoffen dürfen, dass es sich als unverwüstlich erweist, wenn es uns physisch und psychisch an den Kragen geht.

Und damit verkörpert er auch die oft verschüttete oder verleugnete Instanz, die zu einem einigermaßen intakten Seelenhaushalt gehört: einen innersten Widerstand gegen Verführung durch den abwechselnd herrschenden Zeitgeist. So ist Poccis Kasperl der unbestechliche Diagnostiker aktueller Bewegungen, in denen die Neigung nicht nur des 19. Jahrhunderts zu falschem Pathos sich kundtut. Wo er hinklopft, klingt es hohl. In der «Zaubergeige» (dem Vorwurf für Werner Egks gleichnamige Oper) wird das Schwärmertum der Wagnerianer dem Gelächter preisgegeben; «Kasperl als Turner» macht sich lustig über stramm deutschnationale Ertüchtigungsparolen, und der Darwinismus – für Pocci das Muster einer superklug sich gebärdenden Naturwissenschaft, oder besser: ihrer Anbeter – wird Gegenstand einer durchaus witzigen Groteske.

Wie namentlich das letzte Exempel zeigt, ist Kasperl auch ein Verlierer. Das wusste sein Schöpfer nur zu gut. Das Bewusstsein des Zu-spät-Kommens, die heiter-melancholische Kehrausstimmung, das sich selbst ironisierende Spiel mit Anachronismen entrücken den Verfasser der postumen Zauberpossen seinen Münchner Dichterkollegen Geibel und Heyse, an die Seite Ferdinand Raimunds.

Kierkegaard

Eine mit einer Einführung von Max Bense versehene umfangreiche Kierkegaard-Auswahl, die 1939 in der Dieterich'schen Verlagsbuchhandlung zu Leipzig erschienen war, fand sich unter den mütterlichen Büchern und gelangte so siebzehn Jahre später in meine nächtlichen Leserhände. Im «Tagebuch eines Verführers» unterstrich ich doppelt den Satz: «Plato verstand sich wirklich auf Erotik.» Im Griechischunterricht war der «Phaidon» dran, Kierkegaard sprach allerdings vom «Phaidros», dem ich alsbald verfiel. Im Stadttheater wurde Mozarts «Don Juan» gespielt, der für mich vor dem Hinter- und über dem Untergrund von Kierkegaards Reflexionen über die «Stadien des Unmittelbar-Erotischen oder das Musikalisch-Erotische» eine nie mehr ganz versiegende philosophisch-religiöse Quellentiefe gewann. Auch in diesen Reflexionen ist schon von drei Stadien die Rede, die aber mit dem «Entweder – Oder», so der Titel des Werkes, noch nichts zu tun haben. Das alles war unendlich auf- und anregend; ich kam mit Ringen unter den Augen in die Schule, was irrtümlich wissende Blicke auf sich zog, aber es ließ sich mit diesem oft auch noch ironiegewürzten Ideengewimmel im Grunde nichts anfangen.

Das galt nicht für die eigentliche Stadienlehre, die mir unmittelbar einleuchtete. Dem ästhetischen Stadium sollte im Leben des vom sogenannten Publikum (dem Heideggerschen «Man») strikt abgetrennten Einzelnen das ethische folgen, das schließlich durch einen Sprung ins religiöse abgelöst wurde. Der ästhetische Charakter der ersten Phase kam in Weltoffenheit und Weltneugier zum Ausdruck, einem prähistorischen Zustand, in dem alles möglich und nichts entschieden war, im zugleich entzückten und distanzierten Blick auf ein im Morgendämmer sich abzeichnendes Pan-Orama. Alles kam darauf an, sich rechtzeitig vom Reichtum des Sowohl-als-auch loszureißen und ihn durch ein Entweder-oder zu ersetzen, eine Wahl zu treffen. Nimm Abschied vom unverbindlichen Status des Erben, ent-scheide dich! Statt Toleranz und Kompromissbereitschaft jetzt die dezidierte Parteinahme, das Sichidentifizieren mit einer Aufgabe, das bedingungslose Engagement. Dieser Hingabe an das zu verwirklichende Gute sollte das rückhaltlose Sichausliefern an die Absurdität des Glaubens an einen gekreuzigten Welterlöser entspringen.

Mein Problem war nur, dass dieses letzte Stadium mein erstes gewesen war, ein ohne Sprung (es sei denn mit dem Eisprung der Geburt) erreichtes Stadium. Ich musste also die Nummer drei erst verlassen, alles über Bord werfen, was mir mein Glaube an Gewissheit, Zweifel, Geborgenheit, Sündenbewusstsein, Scham und Stolz beschert hatte, um ins erste, das ästhetische Stadium einzugehen. Was mich sehr viel Kraft kostete. Zwar gelang mir bis zu einem gewissen Grad der Übergang ins zweite, aber woher sollte und soll ich den Todesmut für den Rucksprung in das überwundene erste nehmen?

Wagner

Ich war gerade fünfzehn geworden, als das Regensburger Stadttheater die «Meistersinger» aufführte. Der dreiundachtzigjährige Fürst Albert von Thurn und Taxis erschien, vom wie auf Kommando von seinen Sitzen emporschnellenden Publikum mit Ovationen begrüßt, in der von ihm finanzierten großen Mittelloge, die er schon jahrelang nicht mehr betreten hatte. Seine Wagner-Liebe war bekannt und wurde auch von mir beifällig vermerkt, obwohl sie mich wegen der Blockierung der Loge, die sonst jederzeit meinem Vater und damit seiner Familie zugänglich war, um die Premiere betrog. Die fürstliche Passion wurde allerdings (Thema eines Stadtgesprächs am nächsten Morgen) auf eine harte Probe gestellt: Der gastweise importierte Stolzing erwies sich als indisponiert und gab nach dem zweiten Akt auf. Nicht so Seine Durchlaucht, die volle zwei Stunden in dem hinter der Loge gelegenen Kabüffchen ausharrte, bis der aus München vom verzweifelten Intendanten herbeigeflehte Ersatz kurz nach Mitternacht eintraf. Der Klang des Namens bürgte für unermesslichen Wartezeitgewinn. Der Mann hieß Lorenz Fehenberger und gehörte zu den Sternen der Bayerischen Staatsoper. Zu gerne hätte ich erfahren, was tenoraler Glanz vermag; meine einseitig geprägten quäkenden Caruso-Platten (ein Bodenkammerfund) hatten mich enttäuscht. Der Tageszeitung war zu entnehmen, dass der um zwei Uhr einsetzende Jubel siebenunddreißig Vorhänge lang keine Grenze kannte.

Vier Tage später, am 3. April 1950, trug ich zu den immerhin noch fünfundzwanzig Vorhängen (o ja, ich führte Buch) meine eigene Begeisterung bei, und seitdem versäumte ich keine der weiteren Aufführungen. Nicht auszudenken, was aus mir geworden wäre, wenn der Intendant Herbert Decker und der Generalmusikdirektor Alexander Paulmüller weniger ehrgeizig gewesen wären und sich mit Lortzing, Mozart und Verdi begnügt hätten. Das Wagner-Saatkorn wäre nicht im entscheidenden Moment in meine Brust gesenkt worden und nach Jahr und Tag beseligend aufgegangen. So kann ich mittlerweile den Besuch von 159 Aufführungen der Bayreuther Festspiele verbuchen – Thomas Mann war, soviel ich weiß, nur einmal dort.

Büchner

Am Morgen des 28. Januar 1961 kam Paul Celan mit dem Nachtzug von Paris in Tübingen an, um Walter Jens zu treffen; noch am Abend dieses Tages fuhr er zurück. Einen Tag später entstand das Gedicht «Tübingen, Jänner», das in die 1963 erschienene Sammlung «Die Niemandsrose» aufgenommen wurde. Tübingen steht für Hölderlin; in der ersten Strophe liest man von der «Erinnerung an schwimmende Hölderlintürme». Ich sah sie während meines Tübinger Semesters (Walter Jens zählte zu meinen Lehrern), wenn ich von der Brücke in den Neckar schaute. Weniger eindeutig ist der Bezug des Wortes «Jänner». Im Herbst zuvor hatte Celan den Büchner-Preis erhalten, und in seiner Rede erscheint das Wort im Zitat des Anfangs der «Lenz»-Novelle: «Den 20. Jänner ging Lenz durchs Gebirg.» Eigentlich dreht sich die ganze Rede um diese Datumsangabe. «Vielleicht darf man sagen», so Celan, «daß jedem Gedicht sein ‹20. Jänner› eingeschrieben bleibt? Vielleicht ist das Neue an den Gedichten, die heute geschrieben werden, gerade dies: daß hier am deutlichsten versucht wird, solcher Daten eingedenk zu bleiben?»

Ich schlug nach. Büchner hatte (und habe) ich stets griffbereit in der schönen einbändigen Gesamtausgabe von Fritz Bergemann im Insel-Verlag. Im Dezember 1904, wenige Jahre nach Verlagsgründung, kamen die ersten Klassiker-Dünndruckbände der Großherzog Wilhelm Ernst Ausgabe heraus, die nach dem Weltkrieg ohne dieses Etikett fortgesetzt wurde. Kostbare Schlichtheit – ich kenne keine schöneren Bücher. Mein Insel-Büchner ist trotz seiner sechshundertachtzig Seiten ein schmaler, wunderbar in der Hand liegender Band. Er hat hohe Auflagen erlebt, das Erscheinungsjahr 1958 verzeichnet das 41. Tausend. Celan muss den «20. Jänner» von dort haben: Denn der findet sich nur bei Bergemann. Ich wollte der Herkunft der süddeutsch-österreichischen Variante des Monatsnamens auf die Spur kommen und – erblickte ein Vakuum. Denn als «20. Januar» steht das Datum lediglich in den Tagebuchaufzeichnungen Oberlins, die Büchner für seine Novelle benutzte. Dessen pedantische Zeitangaben tilgte er, er wollte ja keine Chronik verfassen, und so schrieb er lediglich: «Den 20. ging Lenz durch's Gebirg.» Paul Celan wird also zweimal im Stich gelassen: vom Dichter, der seinem «Lenz» gerade keine Monatsangabe einschreiben wollte, und vom Herausgeber, der den «Jänner» möglicherweise eigenmächtig seinem Büchner untergeschoben hat.

Dennoch und vielleicht gerade deshalb ist «Tübingen, Jänner» *mein* Celan-Gedicht. Weil Hölderlin und Büchner, zwei Dichter, die einander nichts und mir fast alles zu sagen hatten, dank eines Dichters, den ich in seiner «Niemandsrose» zu entdecken begann, zum Paar wurden.

Keller

Vierzehn Tage des Oktobers 1954 verbrachte der Neunzehnjährige in dem mittelalterlichen Schlösschen seiner Familie südlich von München – allein. Die Familie war längst nach Regensburg zurückgekehrt, wo die jüngeren Geschwister ihrer Schulpflicht genügten. Das Semester begann erst im November. Ich hatte mir ein Zimmer im ersten Stock ausgesucht, das wie fast alle im Haus mit Himmelbett und Kachelofen ausgestattet war. Vormittags beschäftigte ich mich, um mein Gewissen zu beruhigen, mit den griechischen und lateinischen Autoren, die Gegenstand der Vorlesungen des dritten Semesters sein würden. Nachmittags ging ich nach einem ausgedehnten Gang durch den herbstlichen Wald ins Bett, um es nur noch zu verlassen, wenn das Feuer im schmalen türkisfarbenen Ofen Nachschub brauchte.

Bis tief in die Nacht hinein las ich den «Grünen Heinrich». Was ich mir als eine Pflichtlektüre auferlegt hatte, öffnete sich als Schatzkammer. Alles Subjekthafte im Verhältnis des Lesers zum Buch schmolz dahin, ich war nur noch Angesprochener, Einverstandener. Das Weltanschauliche, das im vierten Teil sich vordrängt, verwandelte mich dann wieder vom Verzauberten in den Nachdenklichen. Aber auch das Reflektorische bleibt bei Keller immer erotisch durchwirkt. Diesmal ist Dortchen Schönfund das weibliche Medium für die letzten Fragen nach Gott und Unsterblichkeit. Heinrich begegnet ihr auf seinem Heimweg nach Zürich im Schloss eines gastfreundlichen Grafen. Der Name des adoptierten Mädchens verweist auf seine Herkunft als Findelkind. «Sie müssen nämlich wissen», sagt der Graf zu Heinrich, «es ist

Dortchens Wahrzeichen, daß sie ganz auf eigene Faust nicht an Unsterblichkeit glaubt.» Auf Heinrichs Frage, ob sie denn auch nicht an Gott glaube, bleibt die Antwort in der Schwebe. Sie sehe nicht ein, warum man gegen den lieben Gott, auch wenn man von seiner Abwesenheit überzeugt sei, grob und unverschämt zu sein brauche.

Das war wohl auch Kellers durch Weltfrömmigkeit gemilderter Atheismus. «Ich [...] fühlte ohne Freude oder Schmerz, ohne Spott und ohne Schwere die anerzogenen Gedanken von Gott und Unsterblichkeit sich in mir lösen und beweglich werden», so Heinrich. Und wenige Zeilen später ist von «dem Philosophen» die Rede, der «gleich einem Zaubervogel, der in einsamem Busche sitzt, den Gott aus der Brust von Tausenden hinwegsang». Einer von diesen Tausenden war der junge Keller, der in Heidelberg zu Füßen Ludwig Feuerbachs saß.

Ich war, als ich das zum ersten Mal las (ich habe die Lektüre des «Grünen Heinrich» später zweimal wiederholt), noch nicht so weit. Umso mehr interessierte mich, ob Keller auch seinem Bekenntnis gemäß gestorben sei. Adolf Frey, ein jüngerer Freund des Dichters, hat Erinnerungen veröffentlicht, von denen ein Kapitel dem letzten Lebensjahr gewidmet ist. Oft, wenn er in der Nacht schlaflos liege, so der Schwerkranke, komme er sich vor wie ein bereits Begrabener, über den ein hohes Gebäude emporragt, und dann töne es immer: Ich schulde, ich dulde! Alles, was vom goldenen Überfluss der Welt übriggeblieben war, wenn die Augen sich in «schlummersüchtiger Müdigkeit» schlossen, war das Gekrächz der Raben, das Keller unwillig vor seinem Fenster hörte. Doch insgesamt tendiert Frey zur Beschönigung: «Er dachte fleißig an den Tod, mannhaft und gelassen, ohne Klage und Murren.» Enthüllender ist das Zeugnis Conrad Ferdinand Meyers, der von einem letzten Besuch berichtet: Er hatte seine Karte ins Krankenzimmer geschickt, und Keller habe sie lange hin- und hergedreht in der Absicht, einen Vers darauf zu schreiben. «Welchen?», fragt Meyer. «Er besann sich: ‹Ich schulde – ich dulde›, hätt' ich darauf geschrieben. – Und Keller jammerte, daß er die Kirche stets versäumt, das Opfer beim Gottesdienste. [...] Keller ist bitter, es ist kein schönes Scheiden im Lichte.»

Auch du, mein Brutus? Mein Dichter eines irdischen Tages, der erst zu leuchten beginnt, wenn der Wahn des Glaubens an eine bessere Welt, an Gott und Unsterblichkeit «im Grabe ruht», verstand offenbar sein Siechtum als Strafe für die Schuld der Glaubenslosigkeit. War das nun die Widerlegung des Lektüreglücks, das ich dem «Grünen Heinrich» im Oktober 1954 verdankte? Aussage steht gegen Aussage. Aber die erste hat siebenhundert Seiten mehr Gewicht.

Nietzsche

Im November 1861 richtete der siebzehnjährige Schulpforta-Zögling an die Schwester die rhetorische Frage: «Freust Du Dich nicht ganz entsetzlich auf Weihnachten?» Am 5. Januar 1889 schrieb er Jacob Burckhardt aus Turin: «zuletzt wäre ich sehr viel lieber Basler Professor als Gott», das heißt: lieber der Adressat des Briefes als sein zur Erschaffung der Welt verurteilter Absender. Dazwischen spannt sich der Bogen des unermüdlichen Briefeschreibers, der am Schluss mit einem Knall zerbrach. Dessen Widerhall sollte sich aus Abertausenden von Ohren, darunter den meinen, niemals mehr ganz verlieren. Vielleicht wäre die Jugend einer bestimmten Sorte meiner Generation ohne die 1956 bei Hanser erschienene dreibändige Nietzsche-Ausgabe von Karl Schlechta anders verlaufen. Dass die Edition sich viel später als höchst unzulänglich erwies, weil der Herausgeber den Nachlass als Trümmerfeld eines gescheiterten Denkens missverstand, steht auf einem anderen Blatt als dem mit der Seite 1352 des dritten Bandes, der letzten der über vierhundert Seiten umfassenden Auswahl von Briefen, auf der ich das Datum des Lektüreabschlusses vermerkte: den 5. April 1959. Ich hatte in den drei Jahren vorher schon fast alle Schriften gelesen – außer dem «Zarathustra», weil Thomas Mann mir die «an der Grenze des Lächerlichen schwankende Unfigur» ausgeredet hatte. Und nun wird es wohl nicht mehr dazu kommen, diese vielleicht unverzeihliche Unterlassungssünde gutzumachen.

Immer war mir der *rückwärts* schauende «Heimatvertriebene» (um das verdorbene Wort für einen vergesslichen Augenblick einzusetzen) näher als der Prophet, der den Hinfall der kosmologischen Werte gewaltsam zum Evangelium uminterpretiert. «Noch einmal eh ich weiterziehe ...»: In diesem «Noch einmal» liegt alles, was Nietzsche zum großen Lyriker macht, auch da und vor allem da, wo er Prosa schreibt. Der Blick zurück setzt freilich den unwiederbringlichen Verlust, die Unmöglichkeit der Rückkehr voraus. Nicht dem unbekannten, sondern dem toten Gott gilt das glühende Gebet. Aber auch wenn der seine Blicke vorwärts Sendende die hinter seinem Rücken liegende, inzwischen zur Fabel gewordene «wahre Welt» mit Spott und Hohn überschüttet, sind dieser Spott, dieser Hohn viel eindrucksvoller als das trunkene Zukunftslied, das doch immer ein Wüstenvogellied bleibt.

Im Münchener Italienischen Kulturinstitut wurde 1986 das Buch von Anacleto Verrecchia «Zarathustras Ende» vorgestellt – und dabei ereignete sich etwas, das ich bei keiner der Buchpräsentationen, die ich als Berichterstatter für «meine» «Süddeutsche Zeitung» besuchte, erlebt habe. Der die Lesung einführende Redner fiel mit einem Frontalangriff auf den Autor und dessen Darstellung der Turiner Katastrophe völlig aus seiner Mentorrolle. Die Organisatoren und der Eingeladene erstarrten. Nach dem halbstündigen Rede-Attentat kam es nicht zum Dialog, sondern zum lautstarken Streit. Verrecchia versucht in seinem Buch nachzuweisen, dass Nietzsches Zusammenbruch der logische Schlusspunkt eines psychiatrischen Prozesses war, der das ganze Spätwerk im Licht der Symptomatik geistiger Erkrankung erscheinen lässt. Gegen den schnaubenden Zarathustra-Priester gab ich dem Autor in einem Winkel meines Nietzsche-Herzens recht. Der Größenwahn in «Ecce homo» ist ja auch mit betend erhobenen Händen zu greifen. Nur dass Nietzsches Wahnsinn eben Nietzsches Wahnsinn ist, Wahnsinn auf höchstem Niveau.

Freud

Anfang der sechziger Jahre, als es noch nicht – im Kielwasser von 1968 – Pflicht wurde, Freud Seite an Seite, Seite um Seite mit Marx zu lesen, habe ich in meiner Ingolstädter Dachkammer die «Traumdeutung», den «Witz», die «Fehlleistungen», die kulturkritischen Schriften des bis dato schulterzuckend abgetanen Sex-Meisters aus dem untergegangenen Wien der Jahrhundertwende durchbuchstabiert. Dass dieser ungeheure Fortschritt in der Geschichte der menschlichen Selbsterkenntnis auf der Couch eines Therapeutenzimmers seine Erfüllung finden sollte, erschien mir als Verstümmelung. Das «Unbehagen in der Kultur» avancierte für Jahre zu einem meiner Lebenswegbegleiter. Der Todestrieb, der die sehr fundierte Alleinherrschaft der von ihren Propheten meist falsch, auf der ersten Silbe, betonten Libido schließlich in ihre Grenzen verweist, weckte meine volle Sympathie. Seine Entdeckung und Installierung im innersten Seelenleben hatte auch etwas mit Resignation zu tun.

Nirgends ist Freud größer als in seinen Zurücknahmen. Der Glaube an Gott wird als nur zu offenkundige infantile Illusion durchschaut, aber deren Zukunft ist dadurch gesichert, dass man den Leuten diese wichtigste aller Hilfskonstruktionen nicht zerschlagen kann. Zu dieser «Hilfe» gehört, dass sie mit Zwängen und Einschränkungen verbunden ist, und das gilt auch für die anderen Kulturleistungen, die uns Triebverzicht abverlangen; deshalb das Unbehagen. Angesichts dieser unaufhebbaren Ambivalenz resigniert der Autor schließlich: «So sinkt mir der Mut, vor meinen Mitmenschen als Prophet aufzustehen, und ich beuge mich ihrem Vorwurf, daß ich ihnen keinen Trost zu bringen weiß […].» Vorwurf? Das war ja der Trost, dass der Weise jeden Trost als falsch zurückwies. Meine Bewunderung schlug um in Liebe.

Wedekind

Hätte er nicht «Frühlings Erwachen» geschrieben, könnte ich auf seine Stücke, einschließlich des «Erdgeists», zur Not verzichten. Aber diese «Kindertragödie», die dem sterbenden 19. Jahrhundert einen ebenso moralischen wie poetischen Nasenstüber versetzt, ist das einzige Drama der deutschen Literatur, in dem Jugendliche als absolut glaubwürdige Protagonisten agieren. Weshalb sie unaufführbar ist, weil auch die begabtesten Schauspieler für ihre Rollen um die fünf Jahre, auf die alles ankommt, zu alt sind. Es sei denn, ein genialer Lehrer wie mein Kollege Hans Heißner am Münchner Ludwigsgymnasium inszeniert das Stück mit Schülern. Da außer Melchiors Mutter alle Erwachsenen als Karikaturen gezeichnet sind – die Gymnasialprofessoren heißen Hungergurt, Knochenbruch, Affenschmalz, Knüppeldick, Zungenschlag, Fliegentod –, hat er sie, auch den Rektor Sonnenstich, den Pastor Kahlbauch und den Dr. Prokrustes, mit zwölfjährigen Unterstufenschülern besetzt. Die Verzerrung der Erwachsenenwelt ins Groteske war vollkommen überzeugend, weil sie der Perspektive entspricht, in der die Jugendlichen diese Welt sehen. Die Namen sind «Spitznamen», mit denen die Schüler sich von jeher gegen ihre Unterdrücker wehren. Umso lebendiger heben sich Melchior, Wendla, Moritz gegen sie ab. Freilich nicht im Sinn des von Wedekind tief verachteten Naturalismus à la Hauptmann, sondern mittels der Aura eines durch und durch poetischen Realismus, der das Geheimnis dieses Dichters ist.

George

Seine Apotheose musste er mit einem frühen Tod bezahlen: Maximilian Kronberger starb am 15. April 1904, einen Tag nach seinem sechzehnten Geburtstag, an Gehirnhautentzündung. Drei Jahre später hat Stefan George den Jüngling zum Gott ausgerufen und damit Dantes Beatrice einen sechshundert Jahre jüngeren Bruder, Maximin, an die Seite gestellt. Da wie dort ist in einer trostlos verödeten Welt und angesichts persönlicher Erstarrung in der «mittäglichen» Lebenshöhe der Anfang einer *vita nuova* an die Epiphanie eines göttlichen Menschen gebunden. «Ob du dich auch in finstrem tal verloren / Von höhen abgesunken: / Wie du hier stehst bist du erkoren / Ins neue land zu schaun. / Du hast vom quell getrunken: / Betritt die offnen aun!»

Der Quell ist die in einem einzigen Exemplar zusammengeronnene Herrlichkeit des Phänomens Jugend. Noch schlief die Jugendbewegung. Das Zeitalter war greisenhaft. In Jugend sah es Unreife, Vorstufe, Übergang – wenn's hoch kam, Verheißung. George löste die Lebensalter aus ihrer Umklammerung durch ein Früher und ein Später. Aus der Absolutsetzung der Jugend ging ihre zeitentrückte Gestalt hervor: Gipfel und Vollendung. Dass er sie nur in ihrer männlichen Ausprägung zu erfahren vermochte, war sein Schicksal.

George ist der größte Lyriker seiner Zeit, auch wenn man alles Ungenießbare abrechnet, was im Dienst des Bundes, des Kreises, des neuen Reiches steht. Der in kühnen Verkleidungen sich gefallende Dichter hat auch wunderbar schlichte Verse geschrieben, in denen er maskenlos in Erscheinung tritt: als Liebender. Zum Beispiel diese von 1895:

Ist es neu dir was vermocht
Dass dein puls geschwinder pocht?
Warte nur noch diese tage ·
Sie entscheiden
Ob du leiden
Oder ob du glück erwirbst.
Ach du weisst dass du nicht stirbst
Ruft es wiederum: entsage!
Warte nur noch diese tage
Sie entscheiden
Ob du leiden
Oder ob du glück erwirbst.

Das «Neue» ist das Keimen einer Neigung, die den Herzschlag beschleunigt. Noch ist alles offen, noch ist nicht entschieden, ob der oder die andere (wahrscheinlich ein potentieller «Jünger»), der vielleicht noch gar nichts von dem Gefühl, das er geweckt hat, weiß, die Neigung erwidern oder zurückweisen wird. Die Waage mit den Schalen künftigen Glücks und Leidens ruht noch im Gleichgewicht. Aber das Neue ist nicht neu – ein Liebeserfahrener spricht. «Ach du weisst»: Er hat sich in Entsagung geübt und weiß, dass er auch dieses Mal eine unglückliche Leidenschaft überleben wird. Es ist die Resonanz eines zweieinhalbtausend Jahre alten, jungen Klangs: des Klangs der Sappho. Das Gedicht habe ich sechzehnjährig in einem kleinen Auswahlband entdeckt und sofort auswendig gelernt.

Sonnleitner

Draußen der Krieg. Der «Heimliche Grund» bot Geborgenheit. Er lag im unerreichbaren Tirol, aber sein wahrer, jederzeit erreichbarer Ort waren die drei Bücher, die das Leben von Peter, dem Findling, und Eva, der Enkelin einer mythen- und kräuterkundigen Frau, erzählten. Als die «Ahnl» der Hexerei verdächtigt wird, flieht sie mit den Kindern in den vom abergläubischen Volk gemiedenen Bergkessel, eben den «Heimlichen Grund». Die Alte stirbt; für die Verwaisten gibt es kein Zurück: Ein Unwetter hat den einzigen Zugang durch die Klamm verschüttet.

A. Th. Sonnleitners (dessen Vornamen zu erraten blieben) «Höhlenkinder»-Trilogie zeichnet am Beispiel der «Zweisiedler» die Kulturgeschichte der Menschheit nach. Vom steinernen Faustkeil führt die Entwicklung zur eisernen Axt, vom mühsamen Hausen in der Höhle über den luftigen Pfahlbau ins lichte Steinhaus. Feuer, Wasser und Wind wandeln sich nach und nach zu willigen Dienern, Tiere werden aus Feinden zu Helfern. Und die Bären, die gefährlichsten Rivalen im Kampf ums Dasein, sind schließlich alle erlegt oder verjagt.

Dem Neunjährigen behagte die Regression ins Weltabgeschiedene, Ursprüngliche. Aber nicht weniger erfüllten ihn der Aufstieg aus dem Dunkel ins Helle, die Folge der technischen Errungenschaften mit tiefer Genugtuung. Das um 1920 entstandene Werk ist imprägniert von Fortschrittsgläubigkeit. Rousseau schrieb über, aber nicht für Kinder. Die suchen in der Geschichte und den Geschichten das Vorwärts und Aufwärts.

Gleichwohl läuft Sonnleitners Erzählung nicht auf einfältigen Aufklärungsoptimismus hinaus. Das Erreichte bleibt stets bedroht, die Flamme der Ehrfurcht vor der Natur erstickt nicht unter dem Zwang ihrer Beherrschung. Der Jäger trinkt das Blut des besiegten Bären, Täter und Opfer werden eins. Die Höhlenkinder sind gebrochene Helden: Zeiten der Erfindungsfülle und Tatenlust wechseln mit Phasen der Schwäche und Niedergeschlagenheit.

Virtuos spielt der Autor auf dem Instrument der Zeit, einer Ziehharmonika. Wie er sie zu dehnen und zu raffen versteht – immerhin erstreckt sich die Handlung über mehrere Jahrzehnte –, vermittelte dem kindlichen Leser ein Gefühl vom Rhythmus großer Epik. Und wie zog ihn erst der persönliche Entwicklungsroman von Peter und Eva in seinen Bann. Ihr Zusammenleben unterliegt stärksten Schwankungen zwischen den Polen von Anziehung und Abstoßung. Ich rieb mich am schwierigen Charakter des Mannes, dessen überströmende Liebe und Fürsorge unversehens umschlagen konnte in Herrschsucht und Rohheit. Erst im Sohn Hans, dem Bürgen einer besseren Zukunft, lösen sich die Widersprüche der Eltern. Trotz der zuweilen etwas schwülstigen Sprache (die der Junge sehr schön fand): Sonnleitners «Höhlenkinder» sind unsterblich.

Gide

In einem Regensburger Antiquariat hatte ich André Gides postum erschienenes Werk «Ainsi soit-il» mit dem Untertitel «Les jeux sont faits» gefunden. Mehr als die Gelassenheit, die aus beiden Titeln sprach, zog mich das schon mit dem ersten Satz mitgeteilte Programm der Programmlosigkeit an. Der achtzigjährige Autor bricht auf zu einer letzten Wanderung, einer Wanderung ohne Ziel. Nur ihr Ende steht fest: der Tod. Er werde auf gut Glück drauflosschreiben. Tatsächlich blieben ihm nur noch wenige Monate. Gide starb einundachtzigjährig am 19. Februar 1951; das Büchlein erschien ein Jahr, die deutsche Übersetzung zwei Jahre später. Ich war fünfundzwanzig, als ich den schmalen Band aufschlug und mir vornahm, wenn ich alt würde, woran ich kaum zweifelte, auch so etwas zu machen.

Sieben Tage vor seinem Tod hatte Gide noch an seinem «Ich weiß nicht, was daraus werden wird»-Buch geschrieben. Ich hatte damals noch zwei Monate bis zu meinem sechzehnten Geburtstag zurückzulegen, an den ich keinerlei Erinnerung habe. Auch sonst an keinen einzelnen Tag dieses Jahres – mit der Ausnahme jenes Februartags, an dem in der inzwischen sagenhaften «Neuen Zeitung» der Nachruf auf den Dahingeschiedenen prangte. Ich sehe mich mittags nach der Schule in einem samtgrün überzogenen Empire-Sessel sitzen, die Zeitung auf den Knien, den um ein großes Foto des Dichters gruppierten, fast alle Spalten des Blattes füllenden Artikel vor Augen. Wahrscheinlich habe ich ihn gar nicht gelesen, wie ich auch noch nie etwas von Gide gelesen hatte. Aber ich wusste, dass der Mann ein weltberühmter Autor war, mehr als das: eine höhere Instanz, eine nicht hinterfragbare Autorität, ein den Sinn des Daseins, auch des meinen, verbürgender Weiser, und eine feierliche Stimmung erfüllte mich.

Klaus Mann verehrte Gide als einen der moralisch integersten Menschen seiner Zeit, musste aber erfahren, dass sein Buch über den Dichter nicht die erhoffte Resonanz fand. Die Kränkung durch Gides Ablehnung, ihn zu empfangen, war einer der Anlässe für Klaus Manns Selbstmordversuch in Kalifornien und den geglückten in Cannes.

Annette Kolb

Sie war mit meinen Münchner Großeltern befreundet. Am 16. September 1911 schrieb sie meiner Großmutter zum Tod meines sechsundvierzigjährigen Großvaters aus der «Schmölz» bei Garmisch: «Wer Deinen unvergeßlichen Gatten kannte, der mußte ihn hochachten und lieben und der mußte fühlen, wie abseits er stand!» Auf dieses «abseits», gewiss das ehrenvollste Prädikat, das Annette zu vergeben hatte, da sie zeitlebens ihr eigenes Abseitsstehen kultivierte, bin ich stolzer als auf jeden militärischen Orden, den mein Großvater, hätte er länger gelebt, zweifellos erhalten hätte. Es setzt die Zugehörigkeit zu einer tonangebenden Sozietät voraus, in diesem Fall zum Münchner Adel und seiner militärischen Repräsentanz. Keine Welt der Guermantes, keine sogenannte höhere Gesellschaft ohne ein gerüttelt Maß an Beschränktheit. Bildungshunger ist bürgerlich, allenfalls juristische und diplomatische Gescheitheit wird akzeptiert. Es schadet nicht, Forstwissenschaft studiert zu haben, aber Jagdtrophäen bringt man aus den ererbten Wäldern auch ohne sie nach Hause. Altphilologen, Geistesmenschen, Schreibende machen sich verdächtig. Büchernarren sind – nun eben Narren. Fräulein Kolb aber legte allergrößten Wert auf ihre Unabhängigkeit. Über die Lautenschlag-Kinder in der «Schaukel», einem poetischen Porträt der eigenen Familie, liest man: «Blöde Urteile über Musik oder Bücher oder Bilder unwidersprochen hinzunehmen, weil sie von Leuten kamen, in deren Sold man geriet, das war nichts für die Mädchen Lautenschlag, o nein. In dieser Meinung waren die Eltern mit den Kindern eins. Diese mußten immer frei bleiben, frei, ihre Ansicht, gelegentlich auch ihren Hohn zu äußern. Das andere war Entwürdigung. Mit Entsetzen und Mitleid betrachteten sie jeden, den sie im Heer der Unterworfenen eingereiht sahen.» Im Heer! Nicht nur in der Herde, sondern im Heer. Alles Schneidig-Militärische war Annette Kolb zuwider. Das war preußisch, wofür «protestantisch» ein Synonym war. Bismarck hatte Bayern annektiert, das größte Unglück in dessen Geschichte. Mein Großvater gehörte, dem Himmel sei Dank, nur zur *bayerischen* Armee, und außerdem stand er ja abseits.

Einmal kam Annette zum Tee in unsere Wohnung in der Münchner Wurzerstraße, ihre ortsansässigen Freunde Ursula Kardorff, Madeleine Wiemer und Hubert Ranke hatten sich eingefunden. Da saß sie auf dem Bernheimer-Sofa und hielt in lebhaftem Gespräch ihr Sektglas so schief, dass sich der gesamte Inhalt in Ursulas geistesgegenwärtig geöffnete Handtasche ergoss.

Morgenstern

«Der Architekt jedoch entfloh / nach Afri- od- Ameriko.» Für die Genialität dieses Zweizeilers, der auch ohne die fünf vorausgehenden Doppelverse eines durchschnittlichen Galgenlieds zitierbar ist, gebe ich reihenweise namhafte Lyrik hin: den Goldschnitt-Schrott à la Geibel sowieso, aber auch manches von Eichendorff und Heine, fast alles von Rückert, zwei Drittel Rilke, die gesamte George-Nachfolge, vier Fünftel Hesse, neun Zehntel Weinheber, den ungekürzten Erich Fried. Auch sämtliche Morgenstern-Gedichte, soweit sie keine Galgenlieder sind. Die aber haben's in sich. Von den rund zehntausend Deutschstunden, die mir in vierzig Lehrerjahren abverlangt wurden, war nur eine einzige vollkommen gelungen. Ich pflegte jede mit dem Vorlesen eines Gedichts zu beginnen, ehe der fällige, meist unpoetische Stoff dran war. In einer Mittelstufenklasse ergab sich das Ungeplante: Ein Schüler hängte an meinen Vortrag der «Drei Hasen», die sich bei Mondschein im Wiesenwinkel am See auf silbernen Zehen drehen, eine ihre Verwandlung in Löwe, Möwe und Reh kongenial fortsetzende Zeile – die von einem Zweiten aufgegriffen wurde, dem ein Dritter sich anschloss, und so sprang das Flämmchen des heiligen Ungeistes von Kopf zu Kopf, bis jeder der fünfundzwanzig halbwüchsig Versammelten sein pfingstliches Scherflein beigetragen hatte zur perfekten Parodie dessen, was sich im Lehrplan hochstaplerisch Gedichtinterpretation nannte. O Morgenstern, der du leuchtetest in nie zuvor geschautem, nie wieder zu beschwörendem Glanz über einer beliebigen Unterrichtsstunde im öden Schüleralltag.

Proust

Die Literaturkritikerin Elke Heidenreich hat neulich publik gemacht, dass sie die «Recherche» nie gelesen hat; sie bezeichnete sie als Häkelarbeit und zeigte keinerlei Bedauern. Kundry hat wieder einmal gelacht. Zur Zeit der Aufnahme des Verfassers in diese Galerie bin ich gerade dabei, mir die sechstausend Seiten ein drittes Mal zu Gemüte zu führen, was vielleicht kein geringeres Kopfschütteln verdient. Welches Motiv versorgt diesen Exzess mit Energie? Es ist das nächstliegende: die Frage nach der Zeit als einer vergehenden und mich und meine Welt, zu der die mir nächsten Menschen gehören, vergehen lassenden. Sie als verlorene zu bezeichnen ist so wenig logisch wie eine Reise italienisch zu nennen. Verloren ist das, was die Zeit zerstört hat: eine nur noch in punktuellen Erinnerungsresten, die demnächst ebenfalls ausgelöscht sein werden, existierende Gegenwart. Die «Recherche» unternimmt, was die erzählende Literatur seit Homer versucht: Vergangenes dem Rachen des Ungeheuers Zeit zu entreißen und im Medium der Sprache vor Vernichtung zu bewahren. Sie gibt aber schon durch ihren Titel zu verstehen, dass sie nicht einfach Erinnerungsarbeit betreibt, sondern den Anspruch erhebt, das Verlorene wiederzufinden und damit seinen Verlust als Illusion zu entlarven. Vergangenheit, Gegenwart, Zukunft sind unter dieser Voraussetzung nur an das erlebende Ich gebundene Anschauungsformen; für einen übergeordneten Standpunkt, den des Erzählers, ist jeder auf der Zeitskala unserer Anschauung erscheinende Moment gleich wirklich und zeitlos-ewig. Er ist aufgehoben in einem Jenseits, für das es viele wunderliche Namen gibt, zum Beispiel den des Reichs der Mütter. Ähnlich wie Faust wagt sich Proust mit seinem Roman in dieses Dort und ergötzt sich und uns am «längst nicht mehr Vorhandnen». Goethe beendet die Szene mit dem Satz Mephistos: «Neugierig bin ich, ob er wiederkommt.» Meine Neugier gilt Marcel: ob er am Schluss seiner Geschichte wirklich, wie er behauptet, wiederfindet, was er gesucht hat.

Hofmannsthal

Unvergesslich das Doppelheft des 65. Jahrgangs der «Neuen Rundschau», das eigens für den Neunzehnjährigen 1954 erschien. Von der ersten bis zur letzten Seite war es dem achtzigjährigen Hugo von Hofmannsthal gewidmet, der genau ein Vierteljahrhundert zu früh vom tödlichen Schlag getroffen worden war. «Ad me ipsum» lautete der Titel seines fragmentarischen Versuchs einer Selbstinterpretation, die mir jahrelange Nahrung bot. Sie diente der Erkenntnis des eigenen Jugendstadiums, verlieh ihm unendlichen Wert und ließ vor seinen Gefahren schaudern: dem selbstsicheren Erstarren, der Überhebung, einer hochdekorierten Einsamkeit. Die Metamorphose vom jungen Loris, der unfasslich vollkommene Verse scheinbar mühelos hinwarf, zum geduldigen Lieferanten von Texten für einen effektbewussten Opernkomponisten, der sie bis zu weitgehender Unverständlichkeit mit seinen betörenden Tönen zudeckte, wurde von den frühen Bewunderern mit Enttäuschung, Verachtung, Achselzucken (Gundolf sprach von Operettentexten) registriert. Nur ich wusste es besser.

Scheler

Keine Angst vor großen Männern! Als Max Scheler im Herbst 1893 in die Oberklasse des Münchner Ludwigsgymnasiums eintrat (in Bayern sprach man nicht von Oberprima), wo er im Sommer des folgenden Jahres sein Abitur ablegte, hatte er eine wenig rühmliche Schülerlaufbahn hinter sich. «Er wird als sehr unfleißig und unordentlich geschildert» (von wem, bleibt ungesagt). «Im Anfang des letzten Jahres kam auch ein verbotener Wirtshausbesuch vor.» So der Direktor des Luitpoldgymnasiums über den Siebzehnjährigen. Da Scheler wegen seiner schlechten Noten befürchten musste, nicht vorrücken zu dürfen, wechselte er zunächst auf eine Privatschule. Ihr Leiter, ein Dr. Römer, urteilte etwas freundlicher: «Der gute Max war ein ganz begabter Junge, nur war er maßlos verbummelt. Was in der Schule vorging, hatte für ihn herzlich wenig Interesse. Dagegen war er in der Literatur sehr wohl bewandert, und vor allem hatte er vielleicht etwas frühreif sich den Philosophen zugewandt.» Auch ich musste als junger Lehrer des Ludwigsgymnasiums noch über jeden Schüler der von mir geleiteten Klasse solche – alsbald abgeschafften – Bemerkungen in einen geheimen Beurteilungsbogen eintragen.

Maßlos verbummelt? Wirtshausbesuche? Das Anstößige war der Humus eines Denkens, das seinen Grundcharakter als den «lebendigsten, intensivsten und unmittelbarsten Erlebnisverkehr mit der Welt selbst» bestimmte. Das genau entgegengesetzte Bild eines wahren Philosophen, das in Platon, den Stoikern, den mönchischen Scholastikern des Mittelalters und in Kant seine Ahnenreihe hat, ist das von allem Lebensunrat gereinigte, einseitig, ja einzig dem Geist verpflichtete. Schelers Vorfahren sind die Epikureer, Hegel, Nietzsche. Sie alle waren freilich nicht verheiratet, während Scheler im Verlauf eines nur dreiundfünfzig Jahre währenden Lebens dreimal verheiratet war (und 1910 wegen eines Ehescheidungsprozesses die Münchner Universität verlassen musste). Ein Philosoph, der sich mit allen Sinnen auf das Leben einlässt, ist folglich auch ein Mensch, der in jeder Lebenslage Philosoph bleibt. «Nie habe ich einen Denker getroffen», schreibt ein Freund aus dem Münchner Phänomenologenkreis, «der in jeder Situation und immer und überall philosophierte, Gedanken aus sich herauswarf, unbekümmert um das, was sich um ihn abspielte; der im Café, in der Gesellschaft, auf dem Maskenball, auf der Straße vor den gleichgültigsten Menschen seine Gedanken entwickelte, mochten sie ihm zuhören oder nicht.»

Die Eule der Minerva, die ihren Flug erst bei Dämmerung beginnt, also für ein Denken steht, das ein weltbewegendes Ereignis erst im Nachhinein zu verstehen unternimmt, war nicht Schelers Wappentier. Er reagierte unmittelbar auf die Erschütterungen der Zeit, namentlich den Weltkrieg, von dessen «Genius» er einen Umsturz der fatalen Werte erhoffte, die ihn hervorgebracht hatten. Sein plötzlicher Tod im Jahre 1928 bewahrte ihn vor der Erfahrung des Gegenteils. Aber kein Jota ist zurückzunehmen von Schelers Fundierung der Erkenntnis auf der Liebe. Sein Eideshelfer ist Augustinus, in dem er den größten Denker des Christentums sah: Aus Liebe hat Gott die Welt und den Menschen geschaffen, und wenn ich liebe, werde ich dadurch, und nicht durch den «Schein des Himmelslichts», die Vernunft, zu Gottes kreativem Ebenbild.

Scheler gehört gerade noch in die zweieinhalbtausend Jahre alte Geschichte der Metaphysik, die seit geraumer Zeit im Sand der Analyse, der Psychologie und Soziologie und der Naturwissenschaften erstickt ist. Kein Metaphysiker ohne eine Portion Größenwahn. So hat Scheler seine letzte, kaum hundert Seiten starke Schrift, die erst nach seinem Tod in Buchform erschien, mit dem Titel «Die Stellung des Menschen im Kosmos» versehen, als ob im Jahre 1928 das letzte Wort über den Menschen und den Kosmos schon hätte gesprochen werden können. Aber es ist ein großes, in die höchste Höhe fliegendes Wort. Mein Lieblingssatz daraus: «Mit dem Tiere verglichen, das immer ‹Ja› zum Wirklichsein sagt – auch da noch, wo es verabscheut und flieht –, ist der Mensch *der Neinsagenkönner*, [...] der ewige Protestant gegen alle bloße Wirklichkeit.»

Thomas Mann

Er ist der Autor, den ich von meinem sechzehnten Lebensjahr bis ins Alter unermüdlich und unersättlich gelesen habe, bei dem ich mich am besten auszukennen glaube wie in einem zur zweiten Heimat gewordenen Rom. Dem ich durch alle Wandlungen hindurch treu geblieben bin, weil ich an ihm gewachsen bin, er mich nie enttäuscht hat. Dessen intime Tagebücher, lang nach seinem Tod zugänglich gemacht, den aus Dankbarkeit und Liebe errichteten Tempel nicht zum Einsturz brachten. Was uns jenseits von Neugier, Bewunderung, Faszination an einen Dichter bindet, rührt ans Tiefste, ist ein Geheimnis. Wenn ich ihm in meinem Fall einen Namen geben soll, dann lautet er: Sympathie. Ihr geht ein Entgegenkommen des Schreibenden voraus und liegt ihr zugrunde, ein bestimmter Gestus. Es ist, als ob der souveräne Erzähler hinter dem Rücken seiner Figuren dem Leser ein komplizenhaftes Augenlächeln zuspielte, mich zum Mitspieler, zum Eingeweihten wählte.

Rilke

Wenn ich eine Anthologie unfreiwillig komischer Lyrik (Titel: «Volle Brüste, starke Glieder» nach einem Gedicht von Friederike Kempner) herausgeben würde (leider wird es nicht mehr dazu kommen), wäre Rilke darin prominent vertreten. Aber etwa zwanzig kleine und umso größere Gedichte liegen in der anderen Waagschale und drücken sie nach unten. Vielleicht ist sogar das Fragment einer Elegie dabei. Außerdem ist Rilke der moderne Lyriker, der am entschiedensten seine Existenz auf eine einzige Karte gesetzt hat: sein Gedicht. Immer wieder musste er quälend lang auf Inspiration warten. Die vielen Briefe, die er, meistens als Parasit auf Schlössern lebend, schrieb, dienten als Lückenbüßer. Das ist der Sinn der berühmten Zeile: «Wer spricht von Siegen? Überstehn ist alles.»

Carossa

Im Anfang war der Name. Er leuchtete in goldenen Buchstaben auf schwarzem Grund von den beiden Rücken der olivgrünen Leinenbände, die hinter Glas im Bücherschrank auf dem Flur des Regensburger Hauses standen. Täglich ging der Vierzehnjährige an ihnen vorüber, nie ohne sich der unverrückten Gegenwart des über der Lichtung halbwüchsiger Jugend glänzenden Doppelsterns zu vergewissern. Die zwei Bände wurden zum Inbegriff von «Gesammelten Werken», die nun einmal zu einem richtigen Dichter gehörten. Carossa war ein Klassiker wie Lessing, Herder, Goethe, Schiller, obwohl er im Dichterquartett nicht vorkam. Das lag daran, dass er, wie ich wusste, noch lebte – erstaunlicherweise.

Dass da ein Schatz auf mich wartete, fühlte ich, aber ich ließ mir Zeit, ihn zu heben. (Es war wie mit den Mädchen, die verlockten, ohne dass ich ihnen einer unverkürzten Zukunft zuliebe zu nahe getreten wäre.) Einstweilen genügte mir die Nummer 500 aus der Insel-Bücherei, die ich in einer Tölzer Buchhandlung entdeckt hatte. Es handelte sich um eine vom Dichter besorgte Auswahl seiner Verse mit der Angabe der Auflagenhöhe «103.–107. Tsd.». Ich las: «Unzugänglich schien der Gipfel, / Nun begehn wir ihn so leicht.» Würden mich diese Zeilen auch bei der noch einigermaßen fernen Reifeprüfung nicht im Stich lassen?

«Eine Kindheit» und «Verwandlungen einer Jugend» steckten mich an; auch ich wollte den Verzweigungen meines frühen Lebens, auf das ich vom mittlerweile nahen Gipfel des Abiturs wie auf ein weit unter mir liegendes Tal zurückblickte, nachgehen, und so schrieb ich, aus der Schule heimgekehrt, vom aufgewärmten Fünf-Minuten-Mittagessen unbeschwert, mein tägliches Pensum herunter – in der Sprache eines anderen. Wo hätte ich auch eine eigene hernehmen sollen? Das Geheimnis dieser Sprache war ihr Vermögen, alltäglichen Vorkommnissen eine höhere Bedeutung zu verleihen.

«Die greise Zeit» lautete der Titel einer Handvoll von Gedichten, die ich per Schreibmaschine und Kohlepapier in mitteilbare Form gebracht hatte, um sie der Welt anheimzugeben. Ich schickte sie auch an den Dichter. Nach zehn Monaten kam, ich hatte die Hoffnung längst aufgegeben, auf edlem Papier unter einem faksimilierten Gedicht die Antwort. «Es scheint Bestimmung zu sein, daß die wahren Stimmen des Zeitalters aus Trauer und Verzweiflung aufsteigen, und augenscheinlich wird die Morschheit und Vergreisung von der Jugend am lebhaftesten empfunden. Wir wirklich Alten empfinden es gar nicht mehr und bilden uns wohl ein, es seien blühende Rosen, wenn wir uns allerlei Kraut in unser struppiges Haar stecken.»

Ina Seidel

Sie gehörte zu den ersten Autoren, denen ich mit meinen Gedichten nachstellte. Bei der Heimkehr von der Schule auf dem kleinen schwarzen Holztisch, an dem ich meine Hausaufgaben machte, einen Brief mit dem gedruckten Absender der seinerzeit sehr berühmten Dichterin vorzufinden war ein körperliches Erlebnis: Ein Blitz aus Glück durchfuhr mich. Von ihren Büchern mit den schwindelerregenden Auflagen hatte ich noch keines gelesen, holte dies aber eilig nach. Mit ihrem dritten Brief kam der schmale grüne Leinenband «Unser Freund Peregrin», den ich heute noch in Ehren halte. Im Sommer 1952 radelte ich von dem oberbayerischen Ferienhaus nach Starnberg in die Ottostraße 16. Eine tiefschwarz gekleidete Tochter öffnete mir und wies den Weg in das Obergeschoss, das Reich der Dichterin, der vor kurzem ein halbwüchsiger Enkel gestorben war. Dieser ersten Begegnung folgten weitere, und einmal – im Herbst 1954 – kam sie mit ihrem Sohn, der auch Schriftsteller war, zum Tee nach Harmating, dem schon erwähnten Landsitz, wo ich, mittlerweile Student in München, mich manchmal im leeren Haus aufhielt, während Eltern und Geschwister in Regensburg festgehalten waren. Sie war uneitel und wandte jedesmal ihr volles Interesse dem jungen Menschen zu. Der seinerseits bald voller Geringschätzung auf die Götter seiner frühen Jahre zurückblickte und ungleich wichtigere Autoren entdeckt zu haben glaubte. Die hohen Auflagen sprachen nun eher gegen Ina Seidel. In der Kritik spielte inzwischen ihre Vergangenheit im Dritten Reich eine Rolle. Ich war ausnahmsweise zur Nachsicht geneigt – nicht nur im Hinblick auf die empfangenen Wohltaten. Außer einem oder zwei Hitler-Gedichten hat sie keine Naziliteratur produziert, und sie hat ihren Irrtum freimütig eingestanden und ihm abgeschworen. Als sie 1974 neunundachtzigjährig starb, war sie schon ein gutes Stück auf dem Weg in die Vergessenheit vorgerückt.

In den postum erschienenen Notizen aus Ina Seidels «Schwarzen Wachstuchheften» stieß ich auf ein Gedicht, dessen Titel «Harmating» lautet.

Irgendwo liegt Harmating,
Und weiß es selber nicht.
Ich wollte nicht nach Harmating,
Als ich von West nach Osten ging
Und über eine Brücke kam,
Und dann den Weg zur Linken nahm,
Doch als ich ihn zu Ende ging,
Da stand ich dann vor Harmating,
Und wußt' es selber nicht.

Furtwängler

Meine Freundschaft mit Florian, dem Neffen, ließ jedes Staubkörnlein eines Zweifels an der Weiße der Dirigenten-Weste verfliegen. Sonntag um Sonntag berauschte ich mich vormittags im «Tivoli»-Kino der Münchner Kaufingerstraße am «Don Giovanni», den Wilhelm Furtwängler im Sommer 1954 wenige Wochen vor seinem Tod bei den Salzburger Festspielen dirigiert hatte. Auch die Neunte war unentzweibar mit seinem Namen verbunden (er hatte sie in Bayreuth ebenfalls in seinem letzten Sommer dirigiert). Viel später wurde mir seine Rolle im Dritten Reich höchst fragwürdig. Es gibt Filmaufnahmen, die der Nachwelt den begeisterten Händedruck von Goebbels nach dem verglühten Götterfunken der Freude überliefern. Furtwängler war 1933 in Bayreuth für Toscanini eingesprungen und stand 1938 startbereit, um Bruno Walter in Salzburg zu ersetzen. Er war kein Nazi, aber er ließ sich auf einen Pakt mit dem Teufel ein in der illusionären Annahme, er könnte ihn dadurch in Schranken halten. Manchmal überspült mich eine Woge der Verachtung, dann wieder hebt mich ein Herzschlag glühender Bewunderung empor.

Florian schenkte mir 1957 die «Nachgelassenen Schriften» mit der Widmung: «Der Hauptteil menschlicher Erregung liegt nicht im Menschen, sondern zwischen den Menschen.» Es handelt sich um das Zitat einer Kalenderaufzeichnung des Maestro. Sehr merkwürdig und sympathisch war Furtwänglers Einverstandensein mit seinem Sterben. Seine Mitarbeiterin Henriette Speiser berichtet in einem Brief: «Er hat sich Ende Oktober [1954] etwas verkühlt und war nicht sehr vorsichtig [...]. Mich ließ er am 21. November nach Baden-Baden kommen und teilte mir dort ganz ruhig mit, daß er sterben werde, ganz unsentimental und absolut ohne jegliche Angst. Es war alles so friedlich. Ich hätte nicht gewagt, ihm zu widersprechen, weil er mir das als absolute Tatsache mitteilte. [...] Am 30.11. um 17 Uhr ist er dann einfach eingeschlafen. Während der ganzen Krankheit hat er überhaupt nicht leiden müssen.»

Trakl

Martin Heidegger spricht von dem «einzigartigen Einklang» der Dichtung von Georg Trakl «aus dem einen Grundton seines Gedichtes». Die Unverwechselbarkeit der Stimme korrespondiert mit der Verwechselbarkeit ihrer einzelnen Verlautbarungen. Zu Weihnachten 1953 hatte mir, dem Achtzehnjährigen, der Philosoph aus seiner Schwarzwaldhütte seinen im «Merkur» erschienenen Trakl-Aufsatz geschickt, und ich hatte daraus den Satz im Ohr behalten: «Weil die Dichtungen dieses Dichters in das Lied des Abgeschiedenen versammelt sind, nennen wir den Ort seines Gedichtes die Abgeschiedenheit.»

«Gesang des Abgeschiedenen» ist Karl Borromäus Heinrich gewidmet, der in der Innsbrucker Zeitschrift «Der Brenner» 1913 «Briefe aus der Abgeschiedenheit» veröffentlicht hatte; einer davon gilt der «Erscheinung Georg Trakls». Das aus dem Todesjahr 1914 stammende Gedicht ist als Echo und Dank an den «Bruder» zu lesen, der «aus nächtigen Augen» den Dichter anschaut, «daß er» – der Bruder – «ruhe von dorniger Wanderschaft».

Heinrich gehörte zum Kreis der «Brenner»-Freunde, die dem «von unsäglichen Erschütterungen» heimgesuchten Verfasser der fünfteiligen Sammlung «Sebastian im Traum» «Heimat und Zuflucht im Kreis einer edlen Menschlichkeit» bedeuteten. Die Zerrissenheit Trakls ist an zwei Orte gebunden: an Salzburg und Innsbruck. Salzburg ist die Sphäre des «verfluchten Geschlechts», der zum Untergang verdammten und ihren Angehörigen verdammenden Sippe, Inbild eines verlorenen Menschengeschlechts. In den Gedichten verkörpert die Gestalt der schuldhaft geliebten Schwester das tödliche Gesetz des Blutes. Dagegen weisen die Widmungen, die über den Gedichten stehen, auf eine zweite, hellere Zone, eine zur verworfenen Menschheit kontrastierende Menschlichkeit. Dort der Eros, hier die Freundschaft, dort das Blut, hier der Geist, dort die Schwester, hier der Bruder. Auch er ist von Umnachtung bedroht, doch wird er mit dem Dichter in die Abgeschiedenheit des Gedichts gerettet.

Das latente tödliche Leiden, das Existenz heißt, ist im «Gesang des Abgeschiedenen» nur als Nachhall vernehmbar – in der «dornigen Wanderschaft», den «purpurnen Martern», den «schwarzen Minuten des Wahnsinns». Ist die vom namenlosen Schmerz versteinerte Schwelle endgültig überschritten in die «kühle Bläue» einer Abendlandschaft? Trakls Ende war trostlos. Der Blick des Sterbenden widerruft die im Gedicht vorweggenommene Überwindung der Lebensqual. Hat je ein Gedicht die Kraft gehabt, sie zu überwinden? Folgte nicht der «Marienbader Elegie» der Blutsturz ihres Verfassers? Der «Gesang des Abgeschiedenen» besingt die absolute Abgeschiedenheit des Gedichts.

Heidegger

Wenige Tage nachdem ich meine ersten Vorlesungen über Aischylos und Lukrez an der Münchner Universität gehört hatte, begann am 16. November 1953 die von der Akademie der Schönen Künste veranstaltete Vortragsreihe «Die Künste im technischen Zeitalter» mit der Eröffnungsrede von Romano Guardini. Bücher des Priester-Philosophen lagen fast immer auf dem Nachttisch meiner Mutter, und ich hatte aufsteigende Glaubenszweifel mit der Lektüre seiner Traktate «Gläubiges Dasein» und «Welt und Person» einigermaßen erfolgreich bekämpft. Jetzt sah und hörte ich ihn leibhaft im sensationell überfüllten Auditorium Maximum der Technischen Hochschule. Sieben Vorträge an fünf Tagen: zu viele Götter, bestürzende Epiphanien auf einmal. Legte sich ein blasser Schatten auf das Gestirn Guardini, als am folgenden Abend Werner Heisenberg die gebündelte Aufmerksamkeit auf das «Naturbild der heutigen Physik» zog? Ach, schon einen Tag später versank es ins Gestrige. «Der Hörsaal glich einem Feldlager», betitelte die «Süddeutsche Zeitung» ihren Bericht über Martin Heideggers Wesensbestimmung der Technik. Studenten hatten Türen und Bänke im Sturm genommen. «Wenn Sie im Durchhalten dieses Denkens so energisch sind wie vorhin», begann Heidegger, «dann soll es gut sein.» Tatsächlich herrschte während der zweistündigen Verabreichung konzentrierter Denkkost atemlose Stille. Nach den Anfangssätzen wurde mir klar, dass ich mich auf etwas eingelassen hatte, das Umdenken und Umkehr forderte. Kein Entkommen. Es war der Stich der Philosophie ins Drachenherz der Epoche. Und zugleich jener Natternbiss in die eigene

Seele, von dem Alkibiades in Platons «Gastmahl» im Hinblick auf die Reden des Sokrates spricht. Ein Schmerz, von dem keiner eine Ahnung habe, der ihn nicht selbst erfahren habe.

Unvergessen die apodiktische Handbewegung, mit der Heidegger die Andeutung eines Lachens, das seiner pointierten Formulierung eines Gedankens zuzustimmen sich anschickte, augenblicklich zum Schweigen brachte. Bei diesem Philosophen gab es nichts zu lachen. Der dafür gezahlte Preis war die Lust am parodistischen Witz, die ein so unerbittlicher Ernst weckte. Gerade die, die Heidegger, solange er sprach, buchstäblich hörig waren, mussten sich nachträglich befreien. Die befremdliche Antwort auf die «Frage nach der Technik» hatte schließlich gelautet, ihr innerstes Wesen sei ein «Gestell». Noch tagelang diente es zur Erheiterung von Gesprächspartnern, die sich rühmten, «dabei» gewesen zu sein.

Das Wort enthielt die Essenz des bis an diesen Punkt gelangten Heideggerschen Denkens. Mithilfe von Sophie Dorothee Podewils, einer mit Heidegger befreundeten Verwandten meiner Mutter, legte ich mir die Sache so zurecht: Ausgangspunkt war die sogenannte ontologische Differenz, also die Verschiedenheit von Sein und Seiendem. Während die frühen griechischen Philosophen, ein Anaximander, ein Parmenides, ein Heraklit, das Sein als Sein gedacht hatten, ist schon bei Platon und Aristoteles und in ihrer Nachfolge in der ganzen europäischen Philosophie dieses ursprüngliche Seinsbewusstsein verschüttet worden. Das Sein wurde nur noch vom Seienden her gedacht: als höchstes Seiendes (die Idee des Guten beziehungsweise der unbewegte Beweger) oder als Inbegriff des Seienden: als Seiendheit. Der unermessliche Unterschied blieb ungedacht. Jedes Seiende ist aber Gegenstand für ein Subjekt, das sich diesen Gegenstand vor Augen stellt, die Beziehung ist also die der Vorstellung. Die mit dem vorstellenden Denken einhergehende Spaltung von Subjekt und Objekt führt zu Descartes' Dualismus von denkendem Ich und durch Ausgedehntheit definierter Körperwelt. Die zu bloßen Objekten geschrumpften Dinge unterliegen aber der menschlichen Verfügungsgewalt. Die Vorstellungskraft der Ratio erklärt und berechnet das Seiende (Geburt der Naturwissenschaft), und der wissenschaftliche Erklärungsfortschritt mündet in Herrschaft; Vorstellung geht über in Herstellung, die in der Perfektion der Technik, deren Wesen eben das «Ge-stell» ist, kulminiert. Das Denken verkümmert zur instrumentellen Vernunft, die entgötterte Natur wird das Objekt menschlicher Machenschaft, was ihre Vernutzung, Entwertung, Vernichtung zur Folge haben muss. Im europäischen Nihilismus enthüllt sich das in der Seinsvergessenheit verborgene Nichts; die Geschichte der Metaphysik verendet in Nietzsches «Gott ist tot».

Die nun schon mehr als zweieinhalbtausend Jahre währende Epoche der Seinsvergessenheit ist jedoch zugleich Seinsverlassenheit, das heißt: Das Sein selbst, das Heidegger mit «y» schrieb, um es vom Sein der herkömmlichen Metaphysik zu unterscheiden, hat sich dem Denken entzogen. Im Zustand äußerster planetarischer Verwahrlosung glaubte Heidegger, im möglichen Ende dieses Entzugs das Rettende zu erkennen. Mit dieser «Kehre», die das Ende der Vergessenheit des Unterschieds von Sein und Seiendem einleitet, beginnt etwas radikal Neues.

So sehr mir Heideggers Verwerfung des vorstellenden Denkens einleuchtete, so wenig vermochte ich ihm auf seinem Weg zum neuen, zum «schonenden Denken» zu folgen.

Du stehst auf der Schwelle; aus der einen Spalt weit geöffneten Tür bricht ein blendender Schein, aber du darfst nicht hinein.

Am Abend nach dem denkwürdigen Vortrag kam der Drachentöter höchstselbst samt seiner Elfride, den Brüdern Ernst und Friedrich Georg Jünger, Erhart Kästner, Günter Eich und Ilse Aichinger und vielen anderen in die «Studierstube», wie Heidegger im Gästebuch das nachkriegsartige Provisorium bezeichnete, das dem Münchner Aufenthalt unserer Familie diente. Da saß er nun mindestens zwei Stunden auf einer geschweiften Polsterbank mit Erhart Kästner zusammen, der ihn sofort in Beschlag genommen hatte. Aus dem dreiunddreißig Jahre später veröffentlichten Briefwechsel der beiden erfuhr ich, worüber sie, umtost vom Gerede der anderen Gäste, so weltvergessen miteinander gesprochen haben. Unter dem 1. Januar 1954 schreibt Heidegger: «Gern hätte ich an jenem Münchner Abend mit Ihnen noch mehr über die Theologie der Ostkirche gesprochen, für die doch die *Trinität* wesentlich vom hl. Geist her und nicht aus der Christologie bestimmt ist.» Noch mehr! Was ging mich die Ostkirche an? Kästner gehörte doch eigentlich mir. Ich hatte ihm als Schüler nach der Lektüre des «Zeltbuchs von Tumilad» Gedichte geschickt; auf die Korrespondenz, die sich daraus entwickelt hatte, tat ich mir nicht wenig zugute. Man munkelte von Kästners Sympathie für Jünglinge (kein Wunder bei einem so enthusiastischen Griechenlandfahrer); aber jetzt beachtete er mich kaum. Ich war das Opfer der viel größeren Attraktivität des Philosophen.

Rudolf Pfeiffer

Angekündigt war eine Sophokles-Vorlesung. Sie wurde mit dem «König Ödipus» eröffnet. Zu meiner Enttäuschung hielt sich die Interpretation in sehr mäßiger Flughöhe über dem Boden des nicht immer eindeutig überlieferten Textes und gelangte bis Semesterende nicht über wenige hundert Verse hinaus. Die Winckelmannsche Griechenschwärmerei hatte unter dem Einfluss textkritischer Philologie eine nachhaltige Dämpfung erfahren. Selbst Hölderlins Hellas-Passion stieß bei meinem Lehrer Rudolf Pfeiffer in der Münchner Universität auf angelsächsisch gefärbte Skepsis. Mit halb bedauerndem, halb belustigtem Achselzucken demonstrierte er uns an Hölderlins Übersetzung der «Antigone» und des «Ödipus», auch an den Pindar-Übertragungen, wie viel als Tiefsinn präsentierter Unsinn durch Verwechslung ähnlich klingender Wörter herausgekommen sei. Hölderlin habe eben leider nur sehr schlecht Griechisch gekonnt. Es handle sich um eine – freilich zuweilen faszinierende – Transponierung der harten Sophokleischen Dramatik in die doch recht dünne Luft des deutschen Idealismus.

Die Bearbeitung des Promotionsthemas, das Pfeiffer mir nach meinem Staatsexamen anheimgegeben hatte, gedieh nicht über eine Gliederungsskizze hinaus. Ich fürchte, das Projekt wäre auch dann versandet, wenn ich als Referendar in München geblieben wäre und es mich nicht in die Oberpfalz nach Weiden verschlagen hätte, einem Ort, der sich als Alibi für den Mangel an wissenschaftlicher Energie nur zu gut eignete.

Im Gegensatz zu der Vergangenheit der meisten unserer

Lehrer war die Pfeiffers lupenrein. 1938 war er mit seiner jüdischen Frau nach Oxford emigriert, erwarb die britische Staatsbürgerschaft und wurde zum ordentlichen Mitglied der British Academy gewählt. Alles, was mit Oxford zu tun hatte, war ihm heilig. Wenn einer der Großen dort drüben – Gilbert Murray zum Beispiel, der, wie er uns erzählte, ein nach der Sonne drehbares Häuschen bewohnte – gestorben war und er uns davon Nachricht gab, brach die Stimme.

Pfeiffers Charisma war außerordentlich, und ich liebte ihn. Am 22. Juni 1957, im Rektoratsjahr seines Freundes, des Latinisten Friedrich Klingner, hielt er beim Stiftungsfest der Universität den Festvortrag «Von der Liebe zu den Griechen». Alles fügte sich zusammen, was sonst notgedrungen getrennt bleiben musste: das Kritische und das Poetische, die *philia* und der *logos*, die griechischen Originale und die Gestalten ihres Nachlebens. Sie vereinigten sich zur fast drei Jahrtausende umspannenden Kontinuität einer geistigen Überlieferung, der wir uns mit unserem Lehrer stolz und demütig zugleich zugehörig fühlen durften.

Karl Max Barth

Das Münchner Patriziergeschlecht der Barths, sesshaft sowohl in der Landeshauptstadt, deren Bürgermeister und Ratsherren es immer wieder stellte, als auch auf der Hofmark Harmating, wo deren Inhaber mit der Ausübung der niederen Gerichtsbarkeit beauftragt war, verfolgte durch musterhafte Verlässlichkeit bei der Aufrechterhaltung der herrschenden Ordnung, durch die Weihung zahlreicher Söhne zu geistlichen Herren und fromme Stiftungen unbeirrbar das Ziel des ewigen Seelenheils.

Das Gleichmaß der Jahrhunderte geriet aus dem Takt, als der Fortschritt der Naturwissenschaften auch vor der Familienburg nicht haltmachte. Die 1849 geborenen Zwillingsbrüder Ernst und Hugo bewunderten Ernst Haeckel, und im schroffen Gegensatz zu seinen Eltern sah man Ernst nicht mehr auf der Empore der Schlosskapelle knien, seit er im Jahre 1903 das ihm per Fideikommiss zugefallene Erbe angetreten hatte. Er brachte eine protestantische Gattin, die Schwester meines mütterlichen Großvaters, und zwei Kinder mit: den im Januar 1890 geborenen Karl Max und die im Dezember desselben Jahres geborene Askanie. Nach dem einjährigen Militärdienst im Leibregiment widmete sich der neunzehnjährige Karl Max einem Studium der Zoologie, das er teilweise in Paris am Institut Pasteur absolvierte und mit der Doktorarbeit über den «Fall einer federlosen Taube» abzuschließen gedachte.

Schon damit fiel auch er aus dem Rahmen der Tradition. Der Vater hatte einen hohen militärischen Rang bekleidet und seine naturwissenschaftlichen Studien als private Liebhaberei betrieben. Was Karl Max vollends von seinen väterlichen Vorfahren schied, war ein ausuferndes Interesse für Literatur, Philosophie und das Wagnersche Gesamtkunstwerk. In die Welt des Biedersinns und der funktionalen Tüchtigkeit war ein fremdes, ja feindliches Element eingedrungen: der Geist. Die mir zugänglichen Briefe des jungen Mannes an seine angeheiratete Tante, die Mutter meiner Mutter, sind getränkt mit Reminiszenzen seiner Shakespeare-, Goethe-, Dostojewski-Lektüre, der «Ring»-, «Tristan»- und «Parsifal»-Aufführungen unter Felix Mottl am Münchner Hoftheater. Er spricht von Freund Schopenhauer; der Fortschrittsglaube der Wissenschaft war gebrochen durch den Pessimismus und das Mitleidsethos des Philosophen. Seine Jugend überspielte den Abgrund zwischen den Welten, in denen er sich lustvoll bewegte. Die Mädchen, denen er in München und auf den Gütern seiner Verwandten begegnete, vergötterten ihn, aber nicht als Gott kam er ihnen entgegen. Er plädierte für größtmögliche Ungezwungenheit im Verkehr der Geschlechter, die Leidenschaft würde sich im richtigen Moment von selbst entzünden. Den – in den Briefen abgekürzten – Namen der Einen trug er schon im Herzen.

Das alles war Ornamentik des Friedens. Sie versank mit dem Kriegsausbruch in wesenloser Vorläufigkeit. Sofort meldete Karl Max sich als Freiwilliger. Seine Feldpostbriefe kamen aus Frankreich, im Juli 1915 von den Dolomiten, dann vom Balkan. Rechtzeitig war er zurück im Westen; im Zentrum der Hölle von Verdun blieb er unversehrt. Während Ferner-, Nahe-, Nächststehende fielen, wusste er, dass ihm nichts geschehen würde. Ein Wunder? O nein, er hatte doch Schopenhauers «Spekulation über die anscheinende Absichtlichkeit im Schicksale des Einzelnen» gelesen. Aber nachdem vierzig Millionen Granaten verschossen waren, beide Seiten je eine halbe Million Soldaten verloren hatten und am 2. Juli 1916 die deutsche Offensive eingestellt worden war, verließ Karl Max sein guter Geist. «Wie ein Nachtvogel» durchschnitt ein vereinzeltes Schrapnell das schon verödete Schlachtfeld. «Nun war es sehr merkwürdig, daß ich, wie übrigens oft im rechten Augenblick, kurz vorher das Bedürfnis fühlte, meinen Platz zu verändern, es aber aus einer gewissen Erstarrung und Lethargie heraus unterließ.» Daraus resultierte der Gedanke, er sei selbst schuld an der schweren Verwundung, die ihn fast ein Jahr lang zum Pausieren zwang. Einmal machte er einen Anlauf, die vor Kriegsbeginn schon weit fortgeschrittene Doktorarbeit wieder aufzunehmen, «da war aber gar nichts zu wollen». Am 1. Mai 1917 würde er endlich zu seinen Leuten zurückkehren dürfen. «Denke Dir, ich bekomme vielleicht meine dritte Kompanie wieder. Dann bin ich glücklich, nein, dann bin ich besonders glücklich, glücklich bin ich auch mit einer anderen.» Sein letzter Gruß eine Visitenkarte: «Leb wohl, liebste Muhme, für und für. Sehn wir uns wieder, nun so lächeln wir, wenn nicht, war wohlgetan dies Scheiden.» Sein Philippi hieß Tifesti (Rumänien), wo er am 11. August infolge der Verwundung, die er bei der Erstürmung der Susita-Höhen erlitt, auf dem Verbandsplatz verblutete. Mit ihm starb die Familie, deren Namen er trug, aus. Niemand durfte in den siebzehn Jahren, die der Vater noch lebte, den Namen des Sohnes vor seinen Ohren aussprechen.

Britting

Albrecht Fabri hat in einem Aufsatz mit dem Titel «Kann man Dichter besuchen?» diese Frage entschieden verneint, weil der Dichter nur bei der Niederschrift seines Gedichtes einer sei, sonst aber ein ganz gewöhnlicher Mensch «in grauem oder braunem Anzug». Die oft bezeugte niederschmetternde Enttäuschung, die die ersehnte Begegnung mit dem Verfasser des «Werther» so manchem bescherte, mag Fabris These scheinbar stützen; sie ist gleichwohl geistreicher Unsinn. Mir genügte früher schon das Wissen, dass da, dass dort ein Dichter lebe, zum glühenden Verlangen, ihm nahezukommen, einen Blick in seine Werkstatt zu tun.

Am 14. Oktober 1951 war Georg Britting aus München zu einer Lesung in seine und meine Heimatstadt Regensburg gekommen. Ein Exemplar seines «Hamlet»-Romans ließ ich mir nicht etwa von einer «Person des Zivilstandsregisters» mit dem zufälligen Namen Britting, sondern vom ehrfürchtig bewunderten Verfasser signieren, als wir nachher in kleinem Kreis – ich als sechzehnjähriges Anhängsel von Menschen, die ihn kannten – im Bischofshof zusammensaßen.

Dem altphilologischen Erstsemester der Münchner Universität öffnete der Dichter selbst die Tür seiner Wohnung am Sankt-Anna-Platz; seine junge Frau war ausgegangen. «Zu ihren Tuttis», sagte er. Er führte mich in ein höchst unmusisches Zimmer: kahle Wände, zwei Buchgestelle aus rohem Holz, ein übergroßer hässlicher Schrank und ein völlig leerer Büroschreibtisch. Hier also, in dieser asketisch anmutenden Umgebung, entstehen, dachte ich, seine sinnenfreudigen Gedichte, ihr durch keine Hinter- und Überwelt getrübtes dingliches Glück. Britting wollte keineswegs ein Literat, sondern ein Dichter im strengen Wortsinn sein. Dazu gehörte etwas Mönchisches. Dem Selbstbild fielen die eigenen Anfänge, die Regensburger journalistischen Arbeiten und frühen expressionistischen Versuche zum Opfer. Er verleugnete sie, wollte keine Zugeständnisse an literarische oder politische Strömungen gemacht haben. Aber auch jede Pose von Feierlichkeit war ihm fremd. Die antiken Versmaße, die er in vielen seiner Gedichte gebrauchte, hatten nichts von einem Kothurn, der, wie bei Josef Weinheber, den eigenen Plattfüßen Weihe verleihen sollte. Der erste Dichter, den ich näher kennenlernte, war der uneitelste. Seitdem kann ich Eitelkeit bei noch so großer Begabung nicht als harmlose, vielleicht gar liebenswürdige Schwäche verzeihlich finden.

Bergengruen

Am 15. Dezember 1941 schrieb Werner Bergengruen an meine Mutter: «Ich freue mich sehr, am Freitag in Ihrem Haus vorzulesen.» Der Autor war 1937 aus der «Reichsschrifttumskammer» ausgeschlossen, sein 1940 mit Sondergenehmigung erschienener Roman «Am Himmel wie auf Erden» ein knappes Jahr später verboten worden. Eugen Diesel, der Sohn des Erfinders und Freund der Eltern, hatte die Einladung vermittelt. Die kleine Gesellschaft hatte sich drunten im getäfelten Esszimmer versammelt; das Konzert der Stimmen drang in mein Schlafzimmer. Dann wurde es still; man hörte dem Dichter zu, der vorher an mein Bett gekommen war und mir Gute Nacht gesagt hatte. Ob ich mit meinen noch nicht sieben Jahren etwas von der katakombenhaften Atmosphäre der Zusammenkunft spürte, scheint mir zweifelhaft. Aber sie war da. Spätere Reflexion vermag auch Stimmungen zu rekonstruieren.

Im letzten Kriegsjahr kamen Bergengruens Gedichte in Schreibmaschinen-Durchschlägen zu meiner Mutter, die sie ihrerseits abschrieb, mittels Kohlepapier vervielfältigte und an Bekannte weiterschickte – ein lyrisch-widerständiges Schneeballsystem. Dass wieder ein paar Jahre später die gedruckten Verse meine eigenen lyrischen Stolperschritte lenkten, verstand sich unter diesen Voraussetzungen von selbst. Ich war Bergengruen – im Sinn des Wortes – hörig; von Zeile zu Zeile, von Reim zu Reim. Wenn er in den fünfziger Jahren, was wiederholt geschah, zu einer Lesung nach Regensburg kam, jetzt von einer großen trostbedürftigen Gemeinde freudig erwartet, derer er sich allerorten sicher sein konnte, rief er an, und ich durfte ihn aus dem Hotel «Grüner Kranz» zum Tee bei uns abholen.

Er war Konvertit und galt als katholischer Dichter. Noch einmal spricht sich in seiner Lyrik die, wie er in einer Aufzeichnung formuliert, «Empfindung des Gleichnischarakters» aus, «den ich in allen Erscheinungen und Geschehnissen auf Erden wahrzunehmen meine» – eine fundamentale Voraussetzung metaphorischer Rede, die Bergengruens Dichtung in einer wohl nicht mehr fortsetzbaren Genealogie mit der Tradition verbindet. Das Untere reimt sich auf das Obere, die Eisblumen am Fenster verkünden eine geheime höhere Botschaft, im Kleinsten ist das Höchste verpfändet, in der Nuss steckt das Weltgefüge. Mikro- und Makrokosmos entsprechen einander, Sterne werden Vögel, der Einsturz des Universums lässt sich als «Großer Herbst» beschreiben, und die Meise verhält sich zu der menschlichen Gestalt hinter der «unbegriffnen» Scheibe wie der Mensch zum unbegreiflichen Gott. «Könnte ich dir sagen, kleine Meise ...»

Und doch ist nicht das Geborgenheitsgefühl eines in göttlicher Schöpfung Beheimateten das dominierende Thema der «heilen Welt». «Alle Heimat kehrt sich in Schatten und Asche», heißt es in dem Gedicht, das schon im Titel jeder voreiligen Versöhnung mit dem Gegebenen entsagt: «Nie noch sang ich ein Lied, das die Heimkehr priese». Was hienieden Bleibe, Schutz, Dauer verspricht, trügt. Die Figur dieser Gedichte ist der Unbehauste, der den Modus des Habens als Fessel durchschaut und zerreißt, der Furchtlose, der die Herrschaft des Toten über das Lebendige bricht.

Ernst Jünger

«Darf ich Ihnen zum Nachtisch Ernst Jünger servieren?», fragte der Wilflinger Schlossherr von Stauffenberg, den meine Mutter im Sommer nach meinem Abitur auf einer Reise von Schloss zu Schloss besuchte, um alte Freunde aus ihrer Münchner «Ausgehzeit» noch einmal wiederzusehen. Ernst Jünger folgte umgehend der telefonischen Einladung, Frau Gretha war verreist. Er bemerkte schnell mein brennendes Interesse, das sich hinter der Befangenheit des Achtzehnjährigen, der gerade die «Strahlungen» gelesen hatte, nur mühsam zurückhielt. So nahm er mich mit in die auf der andern Straßenseite liegende ehemalige Försterei, zeigte mir sein Arbeitszimmer und schenkte mir seinen Roman «Heliopolis» – natürlich mit Widmung.

Offenbar unverwundbar war er aus zwei Weltkriegen heimgekehrt; mit seinem abenteuerlichen Herzen war er zu der einsamen Zollstation vorgedrungen, von der er zugleich die Landschaft des Lebens und die des Todes überblickte. Eine seiner Korrespondentinnen hatte mir einen Brief von ihm gezeigt, der sie wissen ließ, leider sei die Todesfurcht keine Größe, die man ein für alle Mal zurückweisen könne. «So gibt es für mich Tage, an denen ich fühle, daß ich wohl unter mein Niveau herabsinke.» Von diesem Geständnis war es kein allzu weiter Weg zu den Depressionen, die den lustvoll Kreativen, den Sammler von Käfern und Schmetterlingen und Autographen, den unermüdlichen Waldgänger von Zeit zu Zeit lähmten, ohne dass ich während meiner jeweils kurzfristigen Adlatus-Dienste in den sechs Jahren seit dem März 1955 etwas davon mitbekam. Da vernahm ich immer nur den Dreiklang von «tätig, heiter, frei», auf den seine Reisebücher gestimmt waren.

Wohl stieß ich in den «Strahlungen» auf gelegentlich notierte «tristesse», war in den Briefen, deren Einordnung mir oblag, auch das ein oder andere Mal von dem ihn beschattenden «Engel der Melancholie» die Rede. Die poetischen Schönheitspflaster verdeckten eine prosaische Wirklichkeit, die das über seine Stimmungen gebietende Tagebuch-Subjekt zu deren hilflosem Objekt erniedrigte. Erst nach Jüngers Tod bekam ich Einblick in Briefe Grethas an einen Freund: «Es sind Gewichte von Blei, die an ihm hängen und das Haus belasten. Er scheint an einem Lebensabschnitt angekommen zu sein, wo alles fragwürdig wird. Alles zerflattert in der Wirklichkeit, wenn er handeln soll.» Was solle sie ihm antworten, wenn er ihr sage, dass er sie um ihre Krankheit beneide?

Die elf Jahre Jüngere, in den «Strahlungen» mit dem Namen Perpetua Etikettierte, erlag zwei Jahre später, im Herbst 1960, dem Krebsleiden, um das ihr Mann sie beneidet hatte, unter qualvollen Schmerzen – man hörte ihre Schreie bis ins gegenüberliegende Schloss. Ernst sollte sie um achtunddreißig Jahre überleben, eine zweite Ehe eingehen, Liselotte würde ihn auf Reisen nach Afrika und Asien begleiten. Und wie viele Bücher würde er noch schreiben, die einer bedürftigen Leserschaft Trost, Hilfe, Wegweisung zuteilwerden ließen – mehr noch als durch Worte durch die Gestalt, die in ihnen Kontur gewann, ihre Unangefochtenheit, Unanfechtbarkeit von allem Gemeinen, das die Sterblichen zu bändigen pflegt, ihre Überwindung der Todesfurcht.

Friedrich Georg Jünger

Sein erstes Buch heißt «Aufmarsch des Nationalismus» und erschien 1926. Darin agiert der Achtundzwanzigjährige als blutrünstiger Gegner der Weimarer Republik. Als ich ihm 1953 zum ersten Mal begegnete, in seinem wunderschönen Haus an der Überlinger Seepromenade, das er der Heirat mit der eingeborenen Citta Weickhardt verdankte, ahnte ich nichts von der Tollwut des ehemaligen Schreibtisch-Terroristen. Ich hatte mir seine formstrengen Gedichtbände «Der Taurus» und «Der Missouri» begeistert vordeklamiert und mich durch seine etwas langatmige Abhandlung über «Die Spiele» durchgemüht. Alles, was er schrieb, schien mir auf den Ton der Abkehr gestimmt: Abkehr von der Zeit mit ihrem Fortschrittsoptimismus und ihrer Technikvergötterung, auch von einer Lyrik, die immer mehr auf Rhythmus und Reim verzichtete. Seine leibhafte Gegenwart entsprach genau dem Bild, das ich mir von ihm gemacht hatte: dem verkörperten Inbegriff heiterer Gelassenheit.

Der Eindruck vertiefte sich bei zahlreichen weiteren Gelegenheiten: Friedrich Georg war – wie anders als sein unruhiger Bruder Ernst – ein Bollwerk jener höchsten, von den hellenistischen Philosophenschulen propagierten Tugend der *ataraxia*, der Seelenruhe. Wann und wie hat die Wandlung vom schäumenden Kampfschrift-Verfasser zum durch nichts mehr zu erschütternden Weltüberwinder stattgefunden? Als die gehasste Republik endlich am Boden lag, dichtete er den «Mohn», ein dreieinhalb Seiten langes, in der Nachfolge der Elegien Solons paradierendes Gebilde, das der emigrierte Thomas Mann am 30. November 1934 den Seinen beim

Abendessen vorlas, «zu allgemeinem Erstaunen» ob seiner «fabelhaften Aggressivität gegen die Machthaber». Und noch 1937 veröffentlichte er ein Lied, dessen letzte Strophe lautet: «Ruhm nicht bringt es, eure Schlachten / Mitzuschlagen. / Eure Siege sind verächtlich / Wie die Niederlagen.» Zuletzt sah ich ihn – von späteren Zusammenkünften in größerem Rahmen abgesehen – 1968 in einem Münchner Café, buddhahaft der Anschauung des vom Zeitgeist infizierten Treibens hingegeben. Im Herbst erschien sein letzter Gedichtband. Das Schlussgedicht spricht vom postumen Zustand eines Hauses, das sein Bewohner verlassen hat. «Es pocht an der Tür, und keiner öffnet.» – «Die Tür des Vergessens schließt sich, / Und der Pförtner wird dienstfrei. / Der Schlüssel ist unnütz geworden, / Und das Schloß verschließt nichts mehr.»

Reinhold Schneider

Levin Gumppenberg, ein entfernter Vetter meiner Mutter – sie hatte unzählige solcher Vettern, denen ausnahmslos die Unmöglichkeit der Rekonstruktion des Verwandtschaftsgrades gemeinsam war –, hatte nach den ersten Fliegerangriffen auf München einen Teil seiner Bibliothek zu uns aufs Land ausgelagert. So kam ich etwa zehnjährig in Berührung mit manchen katholischen Schriftstellern der damaligen Gegenwart, mochten sie Gertrud von Le Fort, Theodor Haecker, Werner Bergengruen, Georges Bernanos, Jacques Maritain, François Mauriac oder gar Paul Claudel und Reinhold Schneider heißen. Die beiden Letzteren bildeten unangefochten die deutsch-französische Doppelspitze dieses Fähnleins von Aufrechten in Zeiten einer verbrecherischen Diktatur. Mit Schaudern erinnere ich mich an die verzweifelte Suche nach Claudels Buch «Un poète regarde la croix», das der Mutter bei einem nächtlichen Kelleraufenthalt während einer Bombardierung der fünfunddreißig Kilometer nahen Landeshauptstadt abhandengekommen war und sich erst nach Tagen wiederfand – genau da, wo es hingehörte: in dem kleinen blauen Koffer, der die im Fall plötzlicher Obdachlosigkeit unentbehrlichen Habseligkeiten barg und den sie, solange die feindlichen Kampfverbände die Luft über unserem Dach erschütterten, keinen Moment aus den Augen ließ. Auf unerklärliche Weise hatte sich der schmale broschierte Band zwischen Wertpapieren und bräunlichen Fotografien verloren. Das mittlerweile leicht stockfleckige Exemplar aus der Collection Catholique der Librairie Gallimard mit der Widmung Onkel Levins zum fünfunddreißigsten Geburtstag meiner Mutter im Juli 1942 hat sich erhalten; er hatte sie vordem leidenschaftlich geliebt, diese Liebe aber in verlässlich-gefahrlose Freundschaft überführt.

Mein Kontakt mit den Geistesschätzen der evakuierten Bibliothek war naturgemäß ein rein äußerlicher, lediglich optischer, allenfalls haptischer. Aber der genügte vollkommen, mich von der feuerfesten Resistenz des katholischen Gedankenguts, das hier angehäuft war, zu überzeugen: eines Antidots gegen die geballten bösen Mächte der Zeit. Onkel Levin verfertigte auch Abschriften von Gedichten Bergengruens und Schneiders, mit denen er die Widerstandskraft meiner Mutter zu stärken gedachte: «Allein den Betern kann es noch gelingen, / das Schwert ob unsern Häuptern aufzuhalten.» Mit fünfzehn – das Schwert hatte von München nur Trümmer übrig gelassen – verfiel ich dem Verführungssog des Sonetts, das Reinhold Schneider mir vorgedichtet hatte – unter strenger Beachtung der Reimverklammerung der beiden Quartette und Terzette. Der nach dem Krieg erschienenen Essaysammlung «Macht und Gnade» entnahm ich die Gewissheit, der hier auf Schritt und Tritt bezeugte Glaube sei die Wahrheit, die nur im Singular existieren konnte.

«Stell dir vor, Reinhold Schneider ist Kommunist geworden», rief die Mutter mir entgegen, als ich von einer Radtour nach Hause zurückkehrte. Er hatte 1951 in drei Beiträgen in der Ostberliner Zeitschrift «Aufbau» gegen die drohende Wiederbewaffnung Westdeutschlands Stellung bezogen. Mit den gottlosen Kommunisten kollaborieren bedeutete im Fall Schneider: Alles, wofür er seinen Lesern bürgte, war in ihren Augen mit einem Schlag widerrufen.

Ich fand mich damit ab, dass wieder ein Kronzeuge umgefallen war in einem Prozess, den ich nur noch verlieren konnte. Erst nach dem Tod des Dichters, 1958, erschien «Winter in Wien». Die Begegnungen, Eindrücke, Reflexionen, die er in seinen letzten Lebensmonaten im Café Prückel am Stubenring auf dem immer für ihn freigehaltenen Logenplatz notierte, überholten alles früher Geschriebene. Längst hatte ich begriffen, dass sein Plädoyer für einen Frieden jenseits jeden bloßen Waffenstillstands unabdingbar auf der Linie seines Christentums lag und von «Abfall» seinerzeit keine Rede sein konnte. Erst jetzt gab es den «Fall» Reinhold Schneider. Ich las: «Die biologische Situation des Menschen ist ebenso verzweifelt wie die kosmische.» Und wie die geschichtliche. Das blieb an dieser Stelle ungesagt, weil es aus den Aufzeichnungen schon hervorgegangen war. Er hatte mit mir, ich mit ihm die Pascalsche Wette, die Wette auf Gott, verloren. Verlierer ziehen sich an, tun sich zusammen. Sympathie löscht das Gefälle nicht aus, aber verwandelt ehemalige Götter in Sterbliche.

Beckett

Eine kleingedruckte Notiz unter den Kulturnachrichten der «Süddeutschen Zeitung» elektrisierte mich: Beckett inszeniere am Berliner Schillertheater «Warten auf Godot», Premiere am 8. März 1975. Ich zeigte sie Rainald Goetz, der im Jahr zuvor an meiner Schule Abitur gemacht hatte, und wir beschlossen, von München aus hinzufahren. Einige hatten sich angeschlossen, mein Fiat war ausgelastet. Es war merkwürdigerweise nicht schwierig gewesen, Karten für die Premiere zu bekommen.

Seit Kortner in den Münchner Kammerspielen «Warten auf Godot» inszeniert hatte, stand für mich fest, dass mir das unerhörte Glück des Zusammenfalls meiner Lebenszeit mit der Geburt eines klassischen Theaterstücks zuteilgeworden war, des unüberholbar letzten in einer Reihe, die mit der «Antigone» begann und über den «Hamlet», «La vida es sueño», «Le Misanthrope», den «Faust», den «Homburg», «Woyzeck», «Onkel Wanja», das «Traumspiel», «Michael Kramer», «Das weite Land», «Die Maßnahme» führte. Nach dem «Godot» konnte und kann nichts mehr kommen. Als er 1953 uraufgeführt wurde, stürzte sich unverzüglich die Meute der Interpreten auf den wunderbar musikalischen Text. Es war mein letztes Schuljahr, und schon in der Schule hatte ich die jede Dichtung zerpflückenden Parasiten hassen gelernt. Umso verwunderlicher, dass die Deutung eines Philosophen mir das Stück, das ich schon liebte, erst wirklich erschloss. Vielleicht gefiel mir an dem Aufsatz von Günther Anders, der 1956 in seinem Band «Die Antiquiertheit des Menschen» erschien, am meisten die Stoßrichtung gegen eine Art von Interpretation, die Nietzsche zum halben und Kafka zum ganzen Heiligen zurechtjongliert hatte und nun auch Becketts Clownerie mit religiösen Gewichten zu beladen sich anschickte. Der Essay hieß «Sein ohne Zeit»; ich nahm die Spitze gegen Heidegger wahr: keine Geworfenheit, kein Entwurf. Also kein Dasein im emphatischen Sinn, sondern bleiben, weil man nun einmal da ist. «Godot», las ich, «ist nichts als der Titel für die Tatsache, daß Dasein, das sinnlos weitergeht, sich selbst als ‹Warten›, ‹etwas Erwarten› mißversteht.» Auch das war angesichts der Berliner Aufführung schon ein Quentchen zu viel Tiefsinn. Beckett inszenierte sein Stück wie eine Partitur: keine Note zu wenig, keine zu viel.

Das Jahr 1975 war das dunkelste meines Lebens, einer seiner seltenen Lichtblicke war das schwerelose Spiel auf der mondbeschienenen Bühne des Schillertheaters. In einem Monat würde ich vierzig sein, ein Alter, das mir mit zwanzig und noch lange danach als das verächtlichste erschienen war. Zwar hatte das Bäumchen, das sich in drei dünne gebogene Äste gabelte, zwischen dem ersten und dem zweiten Akt über Nacht Blätter bekommen. Man konnte sich aber immer noch an ihm aufhängen. Wladimir und Estragon wollen am nächsten Morgen einen guten Strick mitbringen. «Gehen wir!», lautet das letzte Wort, gefolgt von der Regieanweisung: «Sie gehen nicht von der Stelle.» Es war mein Fall.

In einer der am übernächsten Tag erschienenen Kritiken las ich, Beckett habe sich «füglich» nicht auf der Bühne gezeigt. Dabei hätte ich schwören können, dass ich die hohe hagere Gestalt des Dichters beim großen Schlussjubel leibhaft zu sehen bekommen hatte – den zuverlässig letzten Klassiker.

Koeppen

Manchmal sah ich ihn in der Stadt. Nicht immer erkannte ich ihn gleich. Er war vorübergegangen, um eine Ecke gebogen, da erst wurde mir bewusst, dass er es gewesen war. Eingeprägt hatten sich das stehende Lächeln, die halb geschlossenen Augen. Undenkbar, dass er im Gehen jemanden an seiner Seite gehabt, er gar mit einem Begleiter, einer Begleiterin geplaudert hätte. Ein somnambuler Einzelgänger, freilich einer, der in der Menge untertauchte, um zu beobachten. Der sich unsichtbar gemacht hatte, um schärfer zu sehen. Der sich auslöschte, um sich nicht im Wege zu stehen, wenn es darum ging, den Ausschnitt Welt zu erfassen, der sich ihm bot. Niemals hätte ich gewagt ihn anzusprechen. Einen Schlafwandler lässt man in Ruhe.

Dann gab es die Begegnungen in der Münchner Akademie, Begegnungen mit einem Introvertierten, durch Konzilianz Abstand Haltenden. Die Lektüre mancher tagebuchartiger Aufzeichnungen, die Jahrzehnte nach ihrer Niederschrift veröffentlicht wurden, erregt Staunen über den bösen Blick des höflichen Mannes. Keine Literatur ohne den bösen Blick.

Der ist auch ein Akt der Notwehr. Koeppens Menschen sind Helden der Schwäche, Helden der Angst, Figuren, mit denen sich der Leser nicht ohne weiteres identifizieren mag. Ja, der Epiker Koeppen ist ins Misslingen verliebt, seine Geschöpfe stehen, sieht man von den ganz großen Bösewichtern, den Judejahns, einmal ab, lebens-, leselang im Abseits, werden gedemütigt und besiegt, sind eigentlich Neben-Figuren. In der Vergeblichkeit ihres Strebens, in Enttäuschung und Entsagung bewahren sie ihre Eigenart.

Nicht nur in seinen Romanen, auch in der zum Erzählen tendierenden Essayistik gibt es lauter Scheiternde. An die Stelle der fiktiven Unglücksmenschen treten die «elenden Scribenten»: ein Grimmelshausen, Kleist, Shelley, ein Flaubert, Wilde, Proust, Robert Walser – eine Internationale, umweht von der weißen Fahne der Niederlage. Das Porträt der Gezeichneten und Ausgestoßenen, der Verlierer und Verlorenen spiegelt nicht nur ihre Hamlet-Natur, sondern auch die abstoßende Wirklichkeit des faulen Staates Dänemark. Koeppens Bücher atmen das Klima der Zeit, der verrufenen fünfziger Jahre, deren Verrufenheit sich angesichts dieser Bücher, die sie als ihre unerbittliche Kritik hervorgebracht haben (wie die von Böll und Frisch), als nicht ganz gerecht erweist.

«Das Treibhaus», der zweite Roman von Koeppens berühmter Nachkriegstrilogie, ist die denkbar schonungsloseste Abrechnung mit den restaurativen Tendenzen des Adenauer-Staates, vor allem mit dem Sündenfall der Wiederaufrüstung. Ich habe das Buch mit neunzehn Jahren gelesen, und seit dieser Lektüre gehört ein anarchisches Element zu meinem Verständnis von Literatur; es ist das Element, das der dem Trägheitsgesetz entspringenden Neigung, mit den herrschenden Verhältnissen Frieden zu machen, einen beharrlichen Widerstand entgegensetzt. Damit hängt Koeppens spätere Publikationsverweigerung zusammen. Er war der skrupulöseste, der dem eigenen Tun gegenüber am meisten skeptische, im wahrsten Wortsinn zurückhaltendste Skribent unter seinen Zeitgenossen. An seinem Schweigen zerschellt die Munterkeit, Glätte, Harm- und Widerstandslosigkeit der meisten neuerdings in «Long-» und «Shortlists» paradierenden Produkte einer redseligen sogenannten deutschen Literatur der Gegenwart.

Ich besitze einen einzigen Brief von ihm; er besteht nur aus einem einzigen maschinenschriftlichen Satz. Der hat es freilich in sich, und so ist dieser Brief der schönste, den ich je von einem großen Schriftsteller bekommen habe. Ich hatte in der «Süddeutschen Zeitung» einen Aufsatz über Schopenhauer zum zweihundertsten Geburtstag des Philosophen veröffentlicht. Zwei Tage später erreichte mich der Brief aus der Münchner Widenmayerstraße 45:

«20. Februar 1988. – Lieber Herr von Schirnding, Samstag früh, im Bett, Ihre Laudatio auf Schopenhauer, eine Stunde ‹Glücksgefühl›. Dank und Gruß! Ihr Wolfgang Koeppen»

Klaus Mann

In einem Brief aus Cannes vom 15. Mai 1949 schreibt der von seiner Familie Aissi Genannte sechs Tage vor seinem Tod an Mutter und Schwester, also nach Hause, auch wenn die Adressatinnen gerade auf Europatour waren: «Ein Brief von Euch ist wohl im Begriffe, hier zu sein?» Das ist eine familieninterne Anspielung auf eine Stelle im fünften Akt des zweiten «Faust». Lynkeus der Türmer verkündet: «Ein großer Kahn ist im Begriffe, / Auf dem Kanale hier zu sein.» Über solche Verse des alten Goethe hat man sich im Kreis der *amazing family* amüsiert und hat sie in den Familienjargon aufgenommen – Wort-Münzen, die ihre Gültigkeit auch nicht am Rande des Suizids verloren. Das und nur das ist Bildung. Natürlich findet sich im Kommentar der Ausgabe kein Hinweis. Dafür erfährt man zum wiederholten Mal, dass mit «Pree» Emil Preetorius gemeint ist, und dergleichen in Fülle mehr.

Cesare Pavese

Gleich nach dem Erscheinen der deutschen Übersetzung habe ich zwischen April und September 1956 das Tagebuch von Cesare Pavese («Das Handwerk des Lebens») in dosierter Regelmäßigkeit zu mir genommen – wie man eine Kur absolviert, die in Genesung münden soll, die endgültige Genesung von der Krankheit des Lebens. In meinem Geburtsjahr 1935 hatte der Siebenundzwanzigjährige mit seinen Aufzeichnungen begonnen. «Die Lehre ist diese: das Wollüstige aus der Kunst wie aus dem Leben verbannen, tragisch sein», lautet ein Satz aus dem Jahr 1936. Die letzte Eintragung stammt vom 18. August 1950: «Es genügt ja ein wenig Mut.» Wenige Tage später hat sich der Autor getötet. Die Lektüre war eine Flussfahrt, ich trieb bei kontinuierlich sich verstärkender Strömung flussabwärts. Zu einem Freund sagte ich: «Der Gedanke an Selbstmord war mir ganz ferngerückt; ich war wie abgestorben. Jetzt ist die Idee seiner Möglichkeit in mein Gefühl zurückgekehrt, ich lebe wieder.» Die lange Folge der versäumten Gelegenheiten hat meine Sympathie für die Stellvertreter meiner Kandidatur nicht auslöschen können: für Cesare Pavese, Klaus Mann, auch manchen meiner Schüler.

Georg Thurmair

Zahlreiche Kinder des Ehepaars Georg und Maria Thurmair besuchten das Münchner Ludwigsgymnasium und waren zum Teil meine musikalisch und sprachlich begabten Schüler. Aber ich hatte schon als Halbwüchsiger das 1946 im Freiburger Christophorus-Verlag erschienene Büchlein «Liebesgespräch im Kriege» andächtig durchbuchstabiert: ein Gespräch in Gedichten zwischen dem in Russland und Frankreich stationierten Mann und der Frau zu Hause. Einige nach dem Krieg entstandene Gedichte haben Eingang ins katholische Gesangbuch gefunden. Eins davon hieß: «Wir sind nur Gast auf Erden» und wurde regelmäßig bei Trauergottesdiensten gesungen. Meine Mutter liebte dieses Lied, und so wollte ich ihr zu einem fortgeschrittenen Geburtstag den mehrstrophigen Text in der Handschrift des Verfassers schenken, der mir als Schülervater gewogen war. Bereitwillig entsprach er meiner Bitte. In dem kurzen Begleitbrief unterschrieb er sich mit dem Zusatz «Noch immer Gast auf Erden». Kurz darauf starb er.

Benedikt XVI.

Jahrelang war der Kurienkardinal Ratzinger für mich und unzählige andere, die sich einbildeten, fortschrittliche Katholiken zu sein (wozu übrigens nur minimale Glaubensreste genügen), der verkörperte Inbegriff des inquisitorischen Elements der Kirche. Als er zum Papst gewählt wurde, bekreuzigte «man» sich wie vor Beelzebub. Aber schon, dass er sich nach Benedikt nannte, dessen Existenz doch wahrscheinlich die Erfindung eines fernen päpstlichen Vorgängers ist, hat mich beinahe gerührt. Und sein achtjähriges Auftreten als Pontifex bestätigte kaum eines meiner Vorurteile. Seine mutigste Amtshandlung war zweifellos sein Rücktritt. Jetzt hat mich die Lektüre der «Letzten Gespräche» des verflossenen Stellvertreters Christi vollends versöhnlich gestimmt. Sein Glaube steht «irgendwie» (die von ihm häufig gebrauchte Lieblingsvokabel der Theologen) auf sympathisch gebrechlichen Beinen. Ja, ich empfinde eine Spur Mitleid mit dem Mann, den ich einst (damals war er Münchner Kardinal) so kirchenfürstlich an dem demütigen Karl Rahner vorbeischreiten sah und der jetzt angesichts des demnächst bevorstehenden «letzten Examens» sich an eine vage Gegenwart Gottes klammert.

Nicolas Bouvier

Beflügelt durch wieder passierbare Grenzen und ausreichende Devisen, besuchte meine Mutter mit ihren beiden ältesten Kindern, ich war vor ein paar Tagen sechzehn geworden, an Ostern 1951 eine Jugendfreundin in Cologny bei Genf. Antoinette Bouvier war die Tochter eines seinerzeit nicht unbekannten, inzwischen vergessenen Opernkomponisten. Ihr Mann leitete die Genfer Universitätsbibliothek und zeigte mir handschriftliche Briefe Rousseaus mit den bis zum äußersten Rand gezogenen Zeilen, untrügliches Indiz eines ausgeprägten Verfolgungswahns. Und da war noch der jüngste Sohn, zweiundzwanzigjährig, Nicolas, der sich des halbwüchsigen Geschwisterpaars aufs freundschaftlichste annahm. Er war im Begriff, mit seinem Fiat Topolino zu einer Reise aufzubrechen, die über Kabul nach Bombay führen und in ein oder vielmehr *das* Buch münden sollte. Wort und Bild, der Autor war auch ein meisterhafter Fotograf, würden einander ergänzen. Dein Name, Nicolas. Noch bei Navid Kermani stoße ich auf eine Spur deiner längst verglühten Existenz.

Manfred Bissinger

Ohne Manfred, einen drei Jahre jüngeren Kollegen und Freund, hätte ich von Menanders in den fünfziger Jahren entdecktem Jugendwerk, der Komödie «Dyskolos» – ein Wort, das einen gallenkranken Griesgram oder Menschenfeind bezeichnet –, wahrscheinlich kaum Notiz genommen, wäre zumindest nicht auf die Idee verfallen, das Stück mit Griechischschülern zu traktieren. Es wiederholte sich, was zu meiner Ich-Ausstattung gehörte: Erst dem Einfluss von Freunden verdankte ich, was dann – meist für immer – zentraler Gegenstand meiner Neigung, Hingabe, Vermittlungslust wurde. Manfred erkannte sofort die Eignung des kostbaren Fundes für den Unterricht: die Anziehungskraft, die das Stück auf die Jugendlichen seiner elften Klasse ausüben würde. Da wir fast täglich, er vom Pasinger Karlsgymnasium, ich von meinem Ludwigsgymnasium kommend, beim Lindenwirt in München-Laim gemeinsam zu Mittag aßen, bekam ich die spannungsvolle Geschichte seiner Inszenierung der Komödie mit den Schülern vor oder nach dem Essen in Fortsetzungen serviert, bis sie in eine von mir nicht ganz neidlos erlebte Aufführung mündete. «Den Spielern von 1972» widmete Manfred sieben Jahre später die von ihm bearbeitete, in einem führenden Schulbuchverlag erscheinende Textausgabe des «Dyskolos». Sie war von pädagogischem Eros durchtränkt. Auf Schritt und Tritt war zwischen den Zeilen die Liebe spürbar, die in einem untrennbaren Zugleich der Sache und denen galt, die sich mit ihr beschäftigen sollten.

Das Stichwort «pädagogischer Eros» ist gefallen. Er ist, seitdem 2010 die Vorgänge an der Odenwaldschule ruchbar wurden, in Verruf geraten. Journalisten und Pädagogikprofessoren, die sich wahrscheinlich nie in die Niederungen des gymnasialen Unterrichts verirrt hatten, glaubten, in jenem Eros den Hauptschuldigen für die pädophilen und päderastischen Übergriffe ausgemacht zu haben. Die Skala der Verwerfung reichte vom verächtlichen Achselzucken für ein obsolet gewordenes erzieherisches Engagement über den Vorwurf der fehlenden Sachlichkeit professionellen pädagogischen Denkens und Handelns bis zur scharfen Verurteilung einer «Tyrannei der Intimität». Würden die daraus resultierenden Richtlinien, die auf kühle Distanz, «professionell gestaltete Nähe», «freundlich bestimmte Zurückhaltung» hinauslaufen, in die Praxis übertragen, hätten Lehrer wie Manfred keinen Platz mehr in der Schule. Ein unverheirateter Griechischlehrer, der in so ungewöhnlichem Maße für seine Schüler «da» ist, muss sich in höchstem Grade verdächtig machen. Tatsächlich konnte kaum jemand, der Manfred etwas näher kannte, daran zweifeln, dass Homoerotik im Spiel war, auch wenn nie darüber gesprochen wurde, das Wort nicht fiel. Zugleich war vollkommen klar, dass er niemals einem Schüler zu nahe treten würde. Das gibt es also: eine «griechische Liebe» zu Heranwachsenden, in der das Sexuelle restlos in pädagogische und didaktische Fürsorge sublimiert ist. Eine von Verstehen, Rücksicht, ja Ehrfurcht geprägte, Forderungen und Strenge nicht ausschließende Fürsorge. Dafür existieren keine «professionellen» Rezepte.

Je älter wir werden, umso häufiger stoßen wir beim Aufschlagen der Zeitung nichts ahnend auf die Todesanzeigen von Freunden. In Manfreds Fall war sie unscheinbar, weil der Fonds, der Schulen für publizistische Trauerbekundungen zur Verfügung steht, sehr bescheiden ist.

Elegie

In einen Toten hat er sich verwandelt
mit einem Schlag Das wunderbare Wissen
getilgt der Wille dazusein der Eigensinn
mit einem Schlag verschwunden aus der Welt

Wir haben viel gestritten immer neuen
Streitstoff gesammelt die Flamme des
uns wärmenden Gesprächs zu nähren
Ein Windstoß hat sie ausgelöscht

Vor einem Vierteljahr kam eine Karte
aus Lettland wo er viele neue
Einblicke gewonnen habe schrieb er
und daß am besten man erkunde

ein Land zu Fuß Wo geht er jetzt
seit wann Die Niemandsnachricht
(kein Name nur die Schule) wußte zwar
den Monat nicht den Tag Wen hinterließ er

Waltraud Meier

Als ich sie zum ersten Mal in Bayreuth als Kundry hörte, war sie neunundzwanzig, und James Levine, so munkelte man, weigerte sich zunächst, den «Parsifal» mit einer so jungen Sängerin zu dirigieren. O wie bald muss er vor ihr auf den Knien gelegen haben! Ich habe sie siebenmal an Ort und Stelle gehört, sie war *meine* Kundry, keine der namhaften Nachfolgerinnen konnte ihr das Wasser reichen. Wieso Nachfolgerinnen? Weil sie, von den Unkenrufen der Gesangsexperten begleitet, aus dem Mezzo- ins Sopranfach wechselte und sich 1993 der Isolde verschrieb. Verwaist schleppte sich das tumbe Muttersöhnchen Parsifal noch jahrelang unverlockt über die Festspielbühne, bis ein Unhold namens Schlingensief ihn adoptierte und ermordete. Dagegen erstand der seit Catarina Ligendzas frühem Abschied totgeglaubte Tristan in Waltraud Meiers nunmehr vom Jubel der Gesangsexperten umrauschtem Liebestod zu neuem überirdischen Leben. Zuletzt begegnete ich ihr – nach neun Isolden, fünf Sieglinden, zwölf Götterdämmerungswaltrauten – in Patrice Chéreaus Inszenierung der Wesendonck-Lieder. In den völlig entleerten Räumen der Bayerischen Akademie der Schönen Künste in der Münchner Residenz folgte ich mit einer Schar Auserlesener durch offene Türen dieser anderen Isolde, aus den Zuhörern wurden Mitspieler, singend bahnte sie sich den Weg durch unser Dichtgedrängtsein, unser erschrockenes Zurückweichen, streifte mich Sterblichen am Arm, aber der mystische Abgrund, der uns trennte, war noch tiefer als der in Bayreuth.